O TRIBUTARISTA ESTRATÉGICO

A Teoria dos Jogos no Direito Tributário

BRADSON CAMELO
CRISTIANO CARVALHO

Prefácio
Roberto Quiroga Mosquera

Prefácio
Konstantin Sonin

O TRIBUTARISTA ESTRATÉGICO

A Teoria dos Jogos no Direito Tributário

2ª edição

Belo Horizonte
FORUM
CONHECIMENTO JURÍDICO
2025

FÓRUM
CONHECIMENTO JURÍDICO

Luís Cláudio Rodrigues Ferreira
Presidente e Editor

Coordenação editorial: Leonardo Eustáquio Siqueira Araújo / Thaynara Faleiro Malta
Revisão: Fabiana Guimarães Coelho
Projeto gráfico: Walter Santos
Capa e Diagramação: Formato Editoração

Rua Paulo Ribeiro Bastos, 211 – Jardim Atlântico – CEP 31710-430
Belo Horizonte – Minas Gerais – Tel.: (31) 99412.0131
www.editoraforum.com.br – editoraforum@editoraforum.com.br

Técnica. Empenho. Zelo. Esses foram alguns dos cuidados aplicados na edição desta obra. No entanto, podem ocorrer erros de impressão, digitação ou mesmo restar alguma dúvida conceitual. Caso se constate algo assim, solicitamos a gentileza de nos comunicar através do *e-mail* editorial@editoraforum.com.br para que possamos esclarecer, no que couber. A sua contribuição é muito importante para mantermos a excelência editorial. A Editora Fórum agradece a sua contribuição.

Dados Internacionais de Catalogação na Publicação (CIP) de acordo com ISBD

C181t Camelo, Bradson

O tributarista estratégico: a teoria dos jogos no direito tributário / Bradson Camelo, Cristiano Carvalho. -- 2. ed. --. Belo Horizonte: Fórum, 2025.
187p. 14,5x21,5cm

ISBN impresso 978-85-450-0899-6
ISBN digital 978-85-450-0898-9

1. Direito tributário. 2. Teoria dos jogos. 3. Reforma tributária. 4. Teoria da decisão. I. Carvalho, Cristiano. II. Título.

CDD: 343.04
CDU: 336.2

Ficha catalográfica elaborada por Lissandra Ruas Lima – CRB/6 – 2851

Informação bibliográfica deste livro, conforme a NBR 6023:2018 da Associação Brasileira de Normas Técnicas (ABNT):

CAMELO, Bradson; CARVALHO, Cristiano. O tributarista estratégico: a teoria dos jogos no direito tributário. 2. ed. Belo Horizonte: Fórum, 2025. 187p. ISBN 978-85-450-0899-6

A Ítalo, Laura e Felipe Kumamoto, cujo Equilíbrio de Nash sempre foi viver certo.
B.C.

A Leila, Fernanda e Ana Thereza, que sempre me provam que família é um jogo de soma positiva.
C.C.

SUMÁRIO

PREFÁCIO

A tributação pode ser vista sob várias perspectivas, daí por que se revela um fenômeno complexo. Essa complexidade não decorre da dificuldade de se entender conceitualmente os institutos que formam essa ciência, mas, sim, das inúmeras visões científicas por intermédio das quais a tributação pode ser estudada e analisada. Dessa realidade surge o que denominamos interdisciplinaridade.

Assim, o jurista analisará a tributação sob a perspectiva das normas jurídicas. Decorre daí toda a teoria geral do direito tributário que é estudada nas faculdades de direito. O economista, por sua vez, analisará o fenômeno da tributação sob um outro ponto de vista, utilizando-se dos conceitos extraídos de sua respectiva ciência, e, em especial, dos temas atinentes às finanças públicas, por exemplo. Se quisermos analisar a tributação sob o viés sociológico, outros desafios se colocam frente aos estudiosos da matéria, quais sejam, os impactos que os tributos causam nos comportamentos das pessoas em sociedade. No campo da história também será possível estudar o fenômeno tributário, sobretudo dissecando as mudanças ocorridas nas diferentes nações no decorrer dos tempos. Enfim, poderíamos arrolar outras tantas áreas do conhecimento que poderiam tratar da tributação dentro da sua respectiva perspectiva científica, o que demostra a sua complexidade.

Contudo, se por um lado é verdade que a complexidade traz dificuldades para o estudo da tributação, em vista de suas inúmeras perspectivas, também é verdade que essa realidade abre uma grande oportunidade intelectual para aqueles que militam na órbita do direito. A miscigenação do conhecimento científico, desde que adotados certos princípios propedêuticos, é de grande valia para a ciência e viabiliza um engrandecimento qualitativo no estudo do direito.

Infelizmente, muito se criticou, no passado, esse estudo interdisciplinar, sob o argumento de que se estaria misturando ciências que adotam balizas científicas distintas e, consequentemente, todo estudo interdisciplinar careceria de seriedade e consistência. De fato, isso pode ocorrer se o estudo for feito sem um critério científico ordenado e adequado, o que torna o trabalho imprestável. Porém, a interdisciplinaridade, como forma de avanço intelectual do conhecimento, elaborada com rigidez científica e dentro de parâmetros propedêuticos corretos, viabiliza progressos importantes entre as ciências. Portanto, esse intercâmbio representa uma ferramenta importantíssima para se chegar a avanços nos diferentes campos do conhecimento, em especial quando se utilizam métodos e teorias robustos, que acabam se completando e revelando uma grande aplicação prática.

A propósito, já se tornou notória a ideia de que ciência e prática devem andar lado a lado. A teoria deve ser utilizada para solucionar dúvidas, problemas e questionamentos que a prática nos apresenta. Os grandes incrementos nas ciências sempre estiveram conectados com teorias de alto impacto, mas que foram aplicadas nas diferentes situações que a sociedade enfrenta. Talvez em outros campos do conhecimento, como na medicina, por exemplo, isso fique mais claro para o cidadão comum; porém, no que se refere a outras ciências, como o direito, é extremamente importante para a sociedade que avanços científicos sejam aplicados no dia a dia dos cidadãos, e que estes percebam o impacto que provocam em suas vidas. Nesse particular, o estudo interdisciplinar é um grande aliado.

O livro ora prefaciado vai ao encontro das ideias que expusemos acima. Os autores Bradson Camelo e Cristiano Carvalho desenvolvem estudo interdisciplinar entre o direito e a economia (ou matemática, para alguns) aplicando a teoria dos jogos à temática da tributação. Trata-se de trabalho ousado, termo aqui utilizado para designar inovação e criatividade. Por assim ser, coloca-se, desde o início, uma cautela, qual seja, alertar o leitor que poderá haver certa dificuldade no entendimento do estudo, uma vez que se exige algum conhecimento sobre as diferentes disciplinas tratadas neste livro. Contudo, a didática exposta pelos autores simplifica bastante a vida do leitor, e creio que mesmo aquele que nunca ouviu falar em teoria dos jogos conseguirá acompanhar o excelente trabalho. Em certas situações, desconsiderem as fórmulas que aparecerão no livro e procurem concentrar-se no resumo feito pelos autores.

De início, é bom que se diga que um fenômeno muito evidente da tributação é que ela mexe com o comportamento das pessoas. Em outras palavras, o tributo nada mais é, sob o ponto de vista econômico, do que um preço que se agrega a um produto ou serviço, isto é, o tributo é um custo que onera o consumo. Diante dessa constatação, é fácil entender que os homens resistem à tributação, ou seja, o tributo impacta e altera o comportamento das pessoas nas suas interrelações na sociedade. Diante de determinada situação podemos rejeitar um determinado produto, em vista da alta carga tributária respectiva. Ou, ao contrário, quando há uma desoneração tributária, somos levados a consumir o produto em maior quantidade. Essas reações humanas, decorrentes da tributação, podem ser analisadas levando-se em conta a denominada teoria dos jogos. E esse foi o trabalho muito bem desenvolvido pelos autores.

O capítulo 1 trata da teoria da decisão. O enfrentamento desse tópico foi necessário, pois a teoria dos jogos, de uma certa forma, nutre-se dos conhecimentos da teoria da decisão, sendo uma extensão dela. E nesse particular, a teoria dos jogos oferece um conceito importante de estratégia, assim entendida a relação existente entre duas pessoas que interagem entre si, e nessa interrelação as decisões são tomadas levando-se em conta a ação que se espera da outra pessoa que está interagindo. Ou seja, a minha decisão leva em conta ou reflete como a outra pessoa age. Esse capítulo introdutório se faz necessário para o desencadeamento do trabalho.

O capítulo 2 é dedicado inteiramente ao estudo da teoria dos jogos, e aí, nesse particular, o leitor vai entender como funciona essa parte da matemática aplicada. Trata-se de capítulo que requer alguma paciência, em vista de todas as fórmulas matemáticas que são apresentadas, mas numa singela explanação os autores explicam "as regras do jogo" conceituando cada uma das partes respectivas, suas funções e ferramentas disponíveis. Nesse ponto, o leitor aprenderá os modelos decorrentes da teoria dos jogos que simulam situações de conflito e cooperação por intermédio de equações matemáticas e que acabam por estudar o comportamento do cidadão racional em suas interrelações sociais.

Nos capítulos 3, 4 e 5, os autores fazem a aplicação prática da teoria dos jogos ao tema tributário. Tal abordagem se dá aplicando aqueles modelos que simulam conflitos e situações de cooperação tratados no capítulo 3. E nesse particular é verdadeiramente muito interessante que o leitor começará a identificar a utilidade do conhecimento da teoria dos jogos ao tratar de temas tributários específicos – temas do dia a dia do tributarista. Imagino, como foi também para mim, uma certa dificuldade inicial na conectividade das informações por parte do leitor, mas, ao final, haverá o entendimento desse conhecimento, com uma grata surpresa de sua aplicabilidade prática.

Enfim, os autores conseguiram dar um grau bem elevado de praticidade ao trabalho aplicando uma teoria econômica (ou matemática) que, em princípio, imaginava-se aplicável a qualquer outra área do conhecimento, com exceção do direito. Todavia, comprovou-se que a teoria dos jogos, em síntese, é aplicável a uma infinidade de situações e pode servir de instrumento para solucionar conflitos de interesses relevantes na sociedade, sobretudo aqueles disciplinados pelas normas jurídicas tributárias. Isso porque, como vimos, a teoria dos jogos cria modelos matemáticos que simulam comportamentos humanos racionais decorrentes da interrelação subjetiva verificada na sociedade, e diante desses modelos pode-se intentar dar soluções para os conflitos de interesses surgidos e disciplinados pelo direito. Em outras palavras, surge uma outra ferramenta para o jurista no seu trabalho de interpretação e conhecimento das normas jurídicas, com a finalidade de se atingir o bem maior do direito, isto é, a justiça.

Parabéns aos autores pelo excelente trabalho desenvolvido, e espero que os leitores apreendam conhecimentos preciosos para sua atividade na área do direito, e que a interdisciplinaridade seja entendida como um instrumento poderoso para a melhoria do conhecimento científico.

Roberto Quiroga Mosquera
Mestre e Doutor. Professor da FGV DIREITO SP e USP.

É com imenso prazer e orgulho que escrevo o prefácio deste trabalho notável. Lembro-me vividamente de Bradson Camelo como meu ex-aluno na disciplina de Teoria dos Jogos e, posteriormente, como diligente assistente. Mesmo naqueles dias, sua perspicácia, o entusiasmo e a aptidão para a análise estratégica eram evidentes. Ainda mais reunido com o Professor Cristiano Carvalho, que é um respeitado tributarista brasileiro.

O livro de Bradson e Cristiano estabelece um objetivo ambicioso – introduzir as ferramentas avançadas de análise estratégica e demonstrar como elas podem ser usadas para analisar políticas públicas na esfera tributária. É tanto uma introdução à teoria da tomada de decisão e teoria dos jogos quanto um guia para modelos analíticos modernos de política tributária. Após fornecer fundamentos conceituais, o livro discute questões centrais da política tributária, como maximização de receita, conformidade e evasão fiscal e reformas políticas específicas, como a reforma tributária brasileira.

Naturalmente, a política tributária tem sido um assunto fundamental para os economistas desde os tempos antigos. A maioria dos economistas renomados trabalhou na compreensão da natureza da tributação. Os modelos econômicos mais destacados foram construídos na busca pela política tributária ótima. O que é menos conhecido é que a análise estratégica sempre esteve no cerne dos principais modelos de tributação. A relação entre o parlamento que estabelece os impostos e os negócios nacionais, auditores fiscais e cidadãos comuns, o impacto da tributação nas decisões dos trabalhadores – todos esses assuntos envolvem análise estratégica.

Em 1785, o matemático e filósofo francês Marie Jean Antoine Nicolas Caritat, o Marquês de Condorcet, publicou seu Ensaio sobre a Aplicação da Análise à Probabilidade das Decisões da Maioria. Analisando modelos matemáticos abstratos de votação, Condorcet inevitavelmente pensava nas grandes reformas que seu patrono e amigo, o ministro das finanças Turgot, planejava na época. Por duas décadas, os ministros das finanças do rei francês tentaram descobrir como arrecadar mais receitas coletando impostos em um ambiente onde atores principais como nobreza e clero gozavam de privilégios e isenções fiscais. Pode-se argumentar que a principal motivação de Condorcet ao pensar em um esquema de votação ótimo era exatamente a questão da reforma tributária posta em votação no parlamento. No fim das contas, Condorcet escreveu o primeiro tratado do que eventualmente se tornaria a teoria dos jogos, o ramo da matemática aplicada que lida com análise estratégica.

Avançando para meados do século 20. A teoria dos jogos ainda não é uma ferramenta principal para a teoria econômica. Contudo, Paul Samuelson já havia formulado sua teoria da provisão ótima de bens públicos, prevendo que um bem público será fornecido abaixo do nível ótimo se os agentes econômicos tomarem decisões baseadas na comparação de seus custos e benefícios privados. Embora formulado sem qualquer conceito da teoria dos jogos, essa percepção é profundamente baseada na teoria dos jogos. O rápido desenvolvimento da teoria dos jogos na segunda metade do século 20 estendeu esse resultado a ambientes em que os agentes operam sob incerteza. Em 1996, Jâmes Mirrlees, da Universidade de Oxford, e William Vickrey, da Universidade de Columbia, compartilharam o Prêmio Nobel de Ciências Econômicas "por suas contribuições fundamentais à teoria econômica de incentivos sob informação assimétrica", que foi a forma da comissão do Nobel dizer "pela análise teórica do jogo da tributação sob incerteza".

Mesmo hoje, na análise econômica da tributação, o componente da teoria dos jogos é frequentemente oculto. Por exemplo, todo economista conhece a famosa curva de Laffer, a relação conceitual entre a taxa de imposto e a receita tributária. A curva de Laffer tem a forma de um U invertido – a receita tributária cresce com a taxa de imposto quando a taxa é baixa e depois diminui quando a taxa ultrapassa um certo limiar. Sem menção à teoria dos jogos, a fundação do modelo é, claro, estratégica. Quando a taxa de imposto aumenta acima do limiar, os contribuintes optam pela evasão fiscal como sua escolha estratégica.

"O tributarista estratégico" oferece uma introdução abrangente aos métodos analíticos de análise estratégica na economia da tributação. Não dedica muito tempo a questões normativas – elas são abordadas, por exemplo, na excelente "Political Economy for Public Policy", de Ethan Bueno de Mesquita, diretor da Harris School of Public Policy da Universidade de Chicago. Este livro, em vez disso, é motivado pelo histórico pessoal dos autores, suas carreiras bem-sucedidas como advogados e especialistas em políticas públicas tanto no setor público quanto no privado. O foco, portanto, está em uma série de questões do mundo real, como reformas políticas, evasão fiscal e negociação entre contribuintes e autoridades fiscais. O uso da teoria dos jogos, a principal ferramenta da teoria econômica no século 21, permite tratar esses problemas do mundo real de uma maneira unificada, sistemática e acessível.

A temática abordada neste livro é verdadeiramente inovadora. Em um mundo saturado de literatura econômica, a abordagem de Bradson e Cristiano emerge como uma luz guiadora no campo da análise tributária. É um dos primeiros livros em todo o mundo a explorar tão profundamente a aplicação da teoria dos jogos à política tributária, unindo teoria e prática de maneira muito adequada. O mérito de tal feito não pode ser subestimado. Recomendo enfaticamente esta obra a estudiosos, profissionais e todos aqueles engajados na intersecção da economia e da política tributária. Trata-se de uma leitura indispensável que, estou certo, tornar-se-á uma referência no campo.

Konstantin Sonin
Professor da Universidade de Chicago, na cátedra John Dewey Distinguished Service, na Harris School of Public Policy Studies

INTRODUÇÃO

Este livro está em gestação há alguns anos. Amigos já de longa data, participando de um mesmo congresso de direito e economia (talvez lá por 2015), resolvemos então escrever juntos um livro que aplicasse teoria dos jogos à tributação. O título foi pensado já naquela época, mas, infelizmente, a empolgação não se converteu em páginas. Encontrávamo-nos pelos eventos acadêmicos Brasil afora, ano após ano, e sempre renovávamos nossas intenções de colocar no papel as nossas ideias, mas logo em seguida, dadas as respectivas vidas movimentadas e atarefadas, o projeto era sempre colocado de lado.

A formação acadêmica e profissional dos autores é uma interessante mistura para uma obra conjunta. Um de nós é economista e formado em direito, com mestrado também em direito e com carreira na área pública, primeiro na Procuradoria da Fazenda Nacional e, posteriormente, no Tribunal de Contas do Estado. Além disso, com experiência docente na Universidade de Chicago em disciplinas de microeconomia, matemática e estatística. O outro, com formação apenas em direito, mas com mestrado, doutorado e livre-docência em direito tributário, além de pós-doutoramento em Law and Economics em Berkeley, porém carreira profissional apenas na advocacia privada. Perfis bastante complementares para um tema como a tributação, com formas de experienciar o fenômeno tanto público como privado, além de grandes afinidades quanto às ferramentas teóricas para enfrentar os tópicos do livro.

A teoria dos jogos foi a escolhida por uma visão comum entre os autores sobre a ciência econômica. Uma visão bastante influenciada pela Escola Neoclássica e pela visão *mainstream* do *homo economicus, i.e.*, do agente racional que maximiza o seu bem-estar por meio de suas escolhas calcadas na ponderação custo-benefício, reagindo aos incentivos e decidindo consoante a informação que dispõe. Apreciamos e aplicamos, em outros contextos, linhas como a Economia Comportamental, e todas as suas críticas e desafios ao modelo da escolha racional, porém somos conservadoramente céticos, especialmente em relação ao que consideramos um exagerado *frisson* midiático e um tanto publicitário em relação a essas correntes relativamente mais recentes. Como diz a expressão popular, "não se chuta cachorro morto", e os ataques ao modelo padrão da racionalidade apenas o confirma enquanto modelo dominante até hoje, especialmente se pensarmos na teoria dos jogos, que pressupõe o *homo economicus* como um de seus pilares. Como bem apontou Gary Becker, economista da Universidade de Chicago e Nobel (1992), até hoje não há substituto para o modelo da Escolha Racional, e as eventuais críticas behavioristas acabam cumprindo a importante função de refinar e calibrar o referencial dominante – mas não o invalidar.[1]

Quanto à teoria dos jogos, não obstante o seu êxito ao longo das décadas, inclusive com vários Prêmios Nobel angariados, por incrível que pareça ela é relativamente pouco aplicada ao Direito – mesmo na literatura estrangeira. Ainda que haja um razoável número de livros e artigos, comparativamente a outras linhas é consideravelmente menor, especialmente nos países de *Civil Law*. Provavelmente uma das razões é a resistência – por questão de formação – que os juristas europeus e latino-americanos têm com a formalização matemática, o que ocorre em muito menor grau, p. ex., nos Estados Unidos, lembrando que lá a faculdade de direito é uma segunda graduação, requerendo um prévio bacharelado anterior, que muitas vezes pode ser em áreas em que haja disciplinas matemáticas. Além disso, o viés pragmático do direito norte-americano inclina os seus estudantes à pesquisa empírica, a lidar com dados e com modelos formais.

Se pensarmos na estrutura de incentivos que o Direito irradia, a Análise Econômica do Direito e a teoria dos jogos possuem ferramentas de enorme potência para compreensão e predição do comportamento dos agentes racionais inseridos no fenômeno jurídico. Normas, princípios e regras são incentivos e, como tal, podem ser analisados à luz do ferramental econômico, lembrando que estamos, em última instância, lidando com comportamento humano – como os

---

1 Disponível em: https://pdfs.semanticscholar.org/993f/ad5ee44972c7ad531783232aed719d54962f.pdf. Acesso em: 23 fev. 2024.

indivíduos agem e reagem perante os mandamentos jurídicos, e nenhuma ciência, até hoje, analisou de forma tão eficaz o comportamento racional como a Economia. E, se pensarmos em *comportamento estratégico*, nenhuma área de conhecimento é tão poderosa como a teoria dos jogos.

Em relação à tributação, trata-se de um fenômeno que ultrapassa o campo meramente jurídico, alcançando o econômico, financeiro, contábil e empresarial. As pessoas tomam decisões e escolhem alternativas para as suas vidas e seus negócios tendo o tributo como um dos principais fatores de influência. Quando essas escolhas levam em conta os comportamentos de outras pessoas, estamos então lidando com estratégia – e aí entra a teoria dos jogos.

Quando o empresário decide por cumprir ou sonegar impostos? É estratégico repassar o custo tributário nos produtos e serviços ofertados no mercado? Por que a reforma tributária é tão difícil de ser aprovada? Como viabilizar uma barganha eficiente com o fisco e com o contribuinte? A guerra fiscal é um jogo com solução social eficiente? Essas são algumas das inquietações trazidas neste texto.

É bom avisar que este livro não se trata de um tratado sobre o tema. Nossa intenção é muito mais introduzir o leitor à teoria, com algum grau de rigor formal (ainda que formação matemática seja desnecessária para a compreensão dos conceitos trazidos) e fazê-lo perceber a profunda conexão e utilidade que ela tem para a compreensão do fenômeno tributário. No final das contas, seja qual a profissão em que atuemos – advogado, juízes, procuradores, empresários, economistas, médicos, engenheiros, artistas etc. –, somos todos pagadores de impostos. Por que não saber mais sobre a estratégia e os jogos que permeiam essa realidade?

Por fim, gostaríamos de agradecer a todos que apoiaram a conclusão deste livro, a começar por nossas famílias, em especial Leila, Fernanda e Ana Thereza – mãe, irmã e sobrinha de Cristiano; Larissa, Eunice e Anchieta – esposa e pais de Bradson, e aos mosqueteiros Felipe, Caio e Lucas, que renunciaram a nossa companhia por este projeto. Também agradecemos aos amigos que colaboraram direta ou indiretamente com nosso trabalho (em ordem alfabética): Alexandre Cateb, Amanda Oliveira, André Elali, Antonio Maristrello Porto, Bianor Arruda, Bruno Salama, Bruno Bodart, Cesar Santolim,

Cristiano Oliveira, Daniel Yacolca Estares, Eduardo Salusse, Emiliano Zapata, Eurico de Santi, Eugênio Battesini, Fernando Araújo, Fernando Meneguim, Flavianne Nóbrega, Filipe Rodrigues, Giácomo Balbinotto, Ivo Gico Jr., João Grandino Rodas, Jonathan Vita, José Gomes Neto, Juan Carlos Panez, Kevin Murphy, Leonardo Corrêa, Lina Santin, Luciana Yeung, Luciano Timm, Luís Felipe Sá, Lucilene Prado, Marco Antônio Gadelha, Marcelo Berger, Marcos Nóbrega, Matheus Mendes, Michael Zavaletta, Paulo de Barros Carvalho, Paulo Emmanuel Rodrigues, Paulo Furquim de Azevedo, Pedro Lunardelli, Péricles Athayde, Pery Shikida, Rachel Sztajn, Rafael Bicca Machado, Robert D. Cooter, Roger Myerson, Ronald Hilbretch, Ronny Charles, Samuel Gaudêncio, Sidney Stahl, Thomas Conti, Vinicius Klein e Weber Mota. E, em especial, nossos agradecimentos aos professores Roberto Quiroga e Konstantin Sonin, que ofereceram suas generosas palavras sobre esta obra.

CAPÍTULO 1

A TEORIA DA DECISÃO

A Matemática, considerada pelos gregos como a ciência das ciências (*mathema*), abrange todos os conhecimentos. Por ser uma linguagem, é universal. E, por sua natureza, é uma ferramenta que nos auxilia a desvelar os enigmas de nossa realidade. A Matemática é, pois, sob o ponto de vista cartesiano, o caminho para se obter um conhecimento seguro.

Portanto, mediante a teoria dos jogos, ramo da Matemática, traremos à baila uma alternativa para assegurar ou para facilitar o entendimento de estratégias adotadas pelo Direito Tributário na otimização da função que lhe é tributada (para usar um trocadilho) pelo Estado na relação deste com o contribuinte. Importante mencionar que, não obstante a teoria dos jogos seja considerada um ramo da Matemática, intrinsecamente requer a sua aplicação a campos da realidade contingente, sob pena de perda de sua utilidade ou mesmo de seu sentido.[2] Por isso, a teoria vem sendo aplicada, há muitas décadas, aos mais diferentes campos, desde a Sociologia, Ecologia, Política, Economia e Direito.

Entretanto, também traremos a tradução dessa linguagem para o português, tratando-se, quase, de um livro "bilíngue".

Ressalte-se, por oportuno, que não existem pré-requisitos matemáticos para este texto, mas seria útil algum contato prévio com Cálculo, Álgebra Linear, Teoria dos Conjuntos, Probabilidade e Análise Real em nível de graduação. Entretanto, deixamos as provas e demonstrações para estudos mais completos e específicos, como os de

---

2 Cf. DAVIS, Morton D. *Game theory*: a nontechnical introduction. Mineola: Dover Publications, 1997. p. 50.

Von Neumann & Morgenstern (1945), González-Diaz *et. al.* (2010), Myerson (1991) etc., que serão citados em cada uma das partes.

Todavia, se o leitor preferir não adentrar na esfera da linguagem formal, poderá ficar tranquilo em relação à compreensão dos tópicos deste livro, pois todo o seu conteúdo será exposto em linguagem natural, ou seja, conceitos, explicações e exemplos. Este livro pode ser lido em duas dimensões: a linguagem semântica e a linguagem matemática, sendo esta última a "cereja do bolo" para os que quiserem apreciá-la.

1.1 Introdução à teoria da decisão

A teoria dos jogos pode ser considerada uma extensão da teoria da decisão bayesiana para as situações com dois ou mais tomadores de decisão, chamados de jogadores, como bem destacado por Myerson (1991), em quem baseamos as apresentações matemáticas deste capítulo. A diferença fundamental entra a teoria da decisão e a teoria dos jogos é que enquanto a primeira foca nas decisões do ponto de vista apenas do seu agente decisor, a última leva em conta o que se denomina "estratégia".

Esse termo é nuclear para a teoria dos jogos e será extensivamente usado ao longo deste livro, por isso é importante demarcar o seu conceito. Estratégia, ou agir estratégico, para fins da teoria dos jogos, significa algo conceitualmente simples: ocorre quando dois ou mais agentes interagem, e a decisão de cada um deles reflete o que ele(s) espera(m) que o(s) outro(s) fará.[3]

Um dos nossos pressupostos é de que os tomadores de decisão são racionais, ou seja, eles decidem de modo a buscar seus próprios objetivos. Assim, supomos que o propósito dos jogadores é maximizar o valor esperado de seus resultados, mensurados em uma escala de utilidade, seguindo a ideia moderna de Von Neumann e Morgenstern do teorema de maximização da utilidade esperada.[4]

---

3 Baird, Gertner e Picker (1998, p. 1).

4 Apesar de a ideia remontar a Daniel Bernoulli, a formalização matemática foi desenvolvida por John von Neumann e Oskar Morgenstern em 1944, no livro *Teoria dos jogos e comportamento econômico.*

Um parêntese (ou dois) se faz necessário aqui. O que se verá neste livro é uma aplicação do que se convencionou chamar de "teoria dos jogos clássica", *i.e.*, que envolve agentes racionais. Portanto, pouco utilizaremos a "teoria dos jogos evolucionária", aplicada na Biologia, que dispensa a tomada de decisão racional (mas não dispensa a estratégia) e que será abordada mais para fins ilustrativos. Um ou outro jogo evolucionário será demonstrado, mas a espinha dorsal deste trabalho é a teoria clássica. Tampouco desafiaremos o modelo da racionalidade padrão, tal qual faz a Behavioral Economics, que sustenta, de forma bastante convincente, que nem sempre as pessoas agem de forma racional. Para fins da teoria, e lembrando que a Ciência lida com modelos, consideraremos que para os nossos fins as pessoas são sempre racionais. Sempre vale lembrar a observação de Richard Posner (1998, p. 21) ao apontar que, enquanto os críticos da teoria da escolha racional vivem a indicar defeitos nos axiomas da racionalidade instrumental, a teoria dos jogos vai ainda mais além. Nela se assume que os indivíduos, em interação estratégica, não apenas são racionais, mas hiperracionais, principalmente em jogos de informação completa.

Quanto a maximizar o resultado da utilidade esperada, vale lembrar que não é necessariamente o mesmo que maximizar o resultado monetário esperado, pois a utilidade de cada unidade monetária varia de acordo com a aversão ao risco de cada indivíduo. Além disso, a utilidade não parece ser uma função linear (dependendo do estoque prévio do agente). Assim, os comportamentos dos tomadores de decisão – que satisfaçam certos axiomas intuitivos – podem ser descritos por um modelo quantitativo, já que sua conduta objetiva maximizar o valor matemático esperado da função utilidade, de acordo com uma distribuição de probabilidade subjetiva. Para maior aprofundamento, remetemos o leitor a Von Neumann e Morgenstern (1944) ou a Luce e Raiffa (1957).

1.1.1 Pressupostos da teoria da decisão

Antes de tratarmos dos citados axiomas das escolhas racionais (fundamentos lógicos de todo o sistema), convém lembrar que as decisões costumam ser adotadas em ambientes de incertezas que são descritas por modelos probabilísticos, e os agentes escolhem probabilidades (loteria)[5] distribuídas sobre um conjunto de prêmios. Os modelos de probabilidade são adequados para descrever apostas com resultados que dependam de eventos objetivos e calculáveis, por exemplo, um jogo de cara ou coroa. Também existem as situações que não têm distribuição conhecida nem calculável, que são denominadas de probabilidade subjetiva,[6] como ocorre sobre a implementação de uma reforma tributária.

Antes de tomar uma decisão, seja ela qual for, precisamos saber (ou imaginar) qual a probabilidade da ocorrência de alguns fatores. Por exemplo, para uma pessoa decidir se vai à praia, precisa considerar a probabilidade de alguns estados da natureza,[7] como o clima, o trânsito, a saúde própria e dos familiares etc. Por isso, começamos falando sobre probabilidade e sua distribuição.

Matematicamente, dizemos que para um conjunto finito **A** que é aplicado sobre o conjunto R (contradomínio), podemos chamar $\Delta(A)$ de conjunto de probabilidade ao longo do conjunto **A**, ou seja:

$$\Delta(A) = \{q: A \to R \mid \sum_{y \in A} q(y) = 1 \ \text{ e } \ q(a) \geq 0, \forall a \in A\}$$

Chamemos de **B** o conjunto de todos os possíveis prêmios que o tomador de decisão pode obter, e o conjunto de todos os estados de natureza chamemos de Ω. Assim, podemos definir a probabilidade (loteria) como uma função **f** que especifica um número real não negativo f(b|t), para todo prêmio $b \in B$ e para todo estado $t \in \Omega$, tal que $\sum_{b \in B} f(b \mid t) = 1 \ \forall \ t \in \Omega$. Por fim, chamamos **P** o conjunto de todas essas probabilidades, ou seja:

$$P = \{f: \Omega \to \Delta(B)\}$$

Para qualquer estado $t \in \Omega$ e qualquer probabilidade $f \in P$, dessa forma, $f(\cdot \mid t)$ representa a distribuição de probabilidade ao

---

5 Em inglês, chama-se *lotteries*.

6 Nesses casos, usa-se a estatística bayesiana com uma distribuição a priori (suposta) e outra a posteriori (observada).

7 Estados de Natureza são ocorrências futuras que influenciam o modelo, mas não fazem parte dele. São como cenários possíveis para o porvindouro a ser analisado.

longo do conjunto **B** (prêmios) designada por **f** no estado **t**. O que pode ser representado pela equação:

$$f(\cdot \mid t) = (f(b \mid t))_{b \in B} \in \Delta(B)$$

Em que cada número real f(b | t) pode ser compreendido como a probabilidade condicional de ganhar o prêmio **b** na probabilidade **f** no estado de natureza **t**, sendo considerado prêmio qualquer conjunto de bens que representa uma alocação específica que interessa ao tomador de decisão. Por exemplo, o prêmio pode ser o valor a ser reduzido da carga tributária de uma empresa.

Por sua vez, o real estado de natureza conhecido pelos tomadores de decisão é chamado de *evento* e é um subconjunto não vazio de Ω. Tomemos o conjunto de todos os eventos e chamemo-lo de Γ, tal que $\Gamma = \{E \mid E \subseteq \Omega \text{ e } E \neq \emptyset\}$.

Então, para qualquer **f** e **g** pertencentes ao conjunto **P**, e qualquer evento $E \in \Gamma$, podemos escrever $f \gtrsim_e g$ nas situações em que a probabilidade **f** for, ao menos, tão desejável pelo agente decisor quanto a **g**. Para efeito de notação, é importante ressaltar que $f \sim_e g$ significa que o tomador de decisão é indiferente a ambas as probabilidades (todas as duas geram o mesmo nível de satisfação); por sua vez, $f \succ_e g$ simboliza que **f** é preferível a **g**, como veremos adiante.

Supondo caso análogo, se considerarmos a decisão de uma empresa em que f seja a probabilidade de ser enquadrada como um estabelecimento que paga 2,5% sobre o faturamento de ISS e g seja a probabilidade de ser configurada como empreendimento que paga 5% a título de ISS, a preferência do empresário será $f \succ_e g$, para qualquer evento **E**.

Para qualquer número α tal que seja menor que 0 e maior que 1 ($\alpha \mid 0 \leqslant \alpha \leqslant 1$) e quaisquer duas probabilidades **f** e **g** em **P**, a combinação linear $\alpha f + (1 - \alpha)g$ mostra a probabilidade em **P**, tal que

$$(\alpha f + (1 - \alpha)g)(b \mid t) = \alpha f(b \mid t) + (1 - \alpha)g(b \mid t),$$
$$\forall\, b \in B, \forall\, t \in \Omega$$

Para ilustrar essa definição, suponha que, ao chegar do exterior, um passageiro trazendo para o país bens em valores superiores à cota de isenção de Imposto de Importação, está em dúvida se declara e paga o valor integral da devida exação ou se sonega na esperança de não ser identificado pela Receita Federal do Brasil ao passar pela alfândega. Considerando que a seleção para revista aduaneira é feita por meio de um sorteio no qual α é a proporção de vezes que dá positivo para fiscalizar, e 1 -α é a proporção de vezes que indica liberação imediata. Supondo o cenário que se o passageiro é sorteado para a revista, sua decisão é da probabilidade **f**, e se o sorteio for pela dispensa, ele optará pela probabilidade **g**. Assim, a probabilidade final do tomador de decisão de obter o prêmio **b**, se **t** for o estado de natureza, é $\alpha f(b \mid t) + (1 - \alpha)g(b \mid t)$. Assim, $\alpha f + (1 - \alpha)g$ representa a probabilidade composta que é obtida por **f** e **g** do processo aleatório de seleção.

Desse modo, a decisão sobre a declaração (ou não) dos bens acima da cota vai depender do valor do tributo a ser pago (que faz parte do estado de natureza), da probabilidade de fiscalização (α) e da propensão ao risco do passageiro. Será uma decisão estratégica, com base nas informações prévias que ele tem dessas variáveis.

A suposição da qual partimos é que o tomador de decisão tem as preferências bem definidas acerca das probabilidades condicionais de quaisquer possíveis eventos. Tudo isso com base nos axiomas abaixo:

1.2 Axiomas

Para que seja possível trabalhar com as teorias aqui expostas, consideramos uma lista de propriedades básicas das preferências dos agentes racionais tomadores de decisões, a que chamaremos de Axioma, que é a proposição que se admite como verdadeira porque dela se pode deduzir as asserções de uma teoria ou de um sistema.

1.2.1 Racionalidade

O termo "racionalidade" é polissêmico e tem diversos tratamentos distintos pelos mais variados campos do conhecimento (a psicologia, a neurociência, a sociologia, a economia e a filosofia). Nesta última, por exemplo, a racionalidade comporta diversas teorias, desde a racionalidade aristotélica, passando pelo racionalismo de Descartes, pela racionalidade deontológica de Kant, até os filósofos contemporâneos, como Habermas, Searle e Nozick, a diversos pontos de convergência e ainda muitos outros de divergência quanto ao significado e ao alcance do termo.

Para os nossos propósitos, contudo, basta o conceito de racionalidade instrumental. Como o adjetivo implica, um instrumento, para obter resultados, deve atender certos axiomas. Trataremos disso a seguir.

Pode-se considerar que a ideia de racionalidade instrumental tem sua origem, ou ao menos forte influência, no pensamento de David Hume, filósofo iluminista escocês. Em sua *magnum opus* Tratado da Natureza Humana, Hume trata da razão em passagens como estas: "é, e deve ser apenas a escrava das paixões, e não pode aspirar a outra função além de servir e obedecer a elas". Ou "não é contrário à razão preferir a destruição do mundo inteiro a coçar o meu dedo". Percebe-se que, por essa concepção, pouco ou nada importa as finalidades em si, mas sim os meios para obtê-las, *i.e.*, o economista não se preocupará em analisar se o fim pretendido pelo agente é válido, justo ou ímpio, nem se aterá a ele, mas sim aos meios empregados para alcançá-lo. Se o agente é racional, é porque os meios para atingir o resultado foram racionais. Em outras palavras, foram eficientes. Por isso, a racionalidade é meramente *instrumental*.

1.2.2 Autointeresse ou maximização do bem-estar

O autointeresse ou egoísmo racional encontra-se em diversos escritos e autores ao longo da história, mas foi mais bem enunciado por Adam Smith, na clássica passagem do *Riqueza das Nações* (1989, p. 95): "Não é da bondade do homem do talho, do cervejeiro ou do padeiro que podemos esperar o nosso jantar, mas da consideração em que eles têm o seu próprio interesse. Apelamos, não para a sua humanidade, mas para o seu egoísmo, e nunca lhes falamos das nossas necessidades, mas das vantagens deles".

Smith salienta, assim como na outra famosa passagem da metáfora da "mão invisível", que a interação de diversos autointeresses gera bem-estar social, desde que esses interesses se alinhem. É inegável, inclusive empiricamente, que o alinhamento de interesses manifestado, p. ex., no comércio, gera paz e bem-estar social, numa espécie de iteradas trocas paretianas eficientes.

Alguns poderão arguir que nem sempre as pessoas agem exclusivamente com autointeresse, e de fato há diversas exceções empíricas a esse axioma, mas para fins de modelo científico ele funciona perfeitamente. Para todos os efeitos, na média, os indivíduos buscam maximizar o seu próprio bem-estar, ou seja, incrementando a sua utilidade. Seja amealhando riqueza, adquirindo mais cultura, tornando-se melhor em algum esporte, ou mesmo ajudando o próximo (e isso em nada contradiz o axioma) – o indivíduo o faz para se sentir melhor do que antes.

1.2.3 Consistência

Pessoas racionais realizam escolhas consistentes, o que significa dizer razoavelmente estáveis ao longo do tempo. A consistência significa estabilidade na escala de valores do indivíduo, *i.e.*, se ele hoje torce pelo Corinthians, não passará a ser um torcedor fanático do Palmeiras amanhã, para retornar a ser corintiano dois dias depois. Isso não significa que empiricamente não se possa encontrar alguma pessoa com tal volubilidade em suas preferências, mas considerar isso como indivíduo mediano para fins de mensuração inviabilizaria a simplicidade e a elegância que um modelo analítico deve ter.

1.2.4 Completude

O primeiro dos axiomas é que as preferências são completas, ou seja, o tomador de decisão sempre será capaz de comparar suas escolhas e terá preferências entre elas. Assim, para duas probabilidades quaisquer **f** e **g** ∈ *P*, o agente irá preferir uma delas ou será indiferente a ambas. Ou seja,

$$f \succ_e g \text{ ou } g \succ_e f \text{ ou } f \sim_e g$$

Vale lembrar que:

$f \succsim_e g$ se e somente se $f \sim_e g$ e $f \succ_e g$

$f \sim_e g$ se e somente se $f \succsim_e g$ e $g \succsim_e f$

Desse modo, o primeiro axioma afirma que o agente racional pode elencar suas preferências. No caso de nosso tema central, é o mesmo que supor que os tributaristas sempre sabem qual é a sua preferência sobre as distintas situações (ou resultados) tributárias.

1.2.5 Transitividade

O axioma da transitividade implica uma hierarquia no elenco das preferências. Ou seja,

se $f \succsim_e g$ e $g \succsim_e h$, então $f \succsim_e h$

Assim, na decisão de abrir uma fábrica, se entre os Estados Paraíba e Rio Grande do Sul o empresário prefere o RS, e entre os Estados Rio Grande do Sul e São Paulo, o empreendedor prefere o Estado do Sudeste, posso afirmar que ele também preferirá este ao Estado nordestino.

Se RS $\succ$ PB; SP $\succ$ RS, então SP $\succ$ PB

1.2.6 Monotonicidade

Este axioma, também conhecido como o princípio da não saciedade, diz-nos que as pessoas preferem mais a menos. Ou seja, se o tributarista prefere uma situação com menor carga tributária, ele sempre preferirá mais configurações benéficas.

Se $f \succ_e g$ e $0 \leq \beta < \alpha \leq 1$, então $\alpha f + (1 - \alpha)g \succ_e \beta f + (1 - \beta)g$

Assim, trabalhamos com funções de utilidade monótonas.

1.2.7 Continuidade

O desenvolvimento completo deste axioma envolve conhecimentos de topologia (especificamente de espaços topológicos), mas a ideia central é que existe um conjunto de pontos que constitui o mesmo nível de satisfação (curva de indiferença).

Se $f \gtrsim_e g$ e $g \gtrsim_e h$, então existe um número δ tal que $0 \leq \delta \leq 1$ implica $g \sim_e \delta f + (1 - \delta)h$

Como a tributação pode ser fracionada, a aplicação desse axioma facilita a compreensão das escolhas estratégicas, já que não há um salto entre as escolhas. A continuidade permite uma utilização mais didática dos gráficos, como as curvas de indiferença.

Pode até parecer com o axioma da completude, mas é ligeiramente distinto, pois significa que as análises podem ser feitas de modo fracionado. Por exemplo, é possível se falar em uma composição tributária mista, algo muito comum quando lidamos com preços de transferência, por exemplo. Mas isso será visto em um jogo específico.

1.2.8 Reagir a incentivos

Um dos pontos fulcrais da racionalidade instrumental são os incentivos ao comportamento humano e como os indivíduos agem ao reagir a eles. Incentivos impactam diretamente a utilidade esperada que o indivíduo tem ao tomar uma decisão, e o exemplo de Adam Smith demonstra uma situação em que há alinhamento deles. O vendedor quer receber pelo seu produto, logo tem incentivos para ofertá-lo se perceber que há potenciais compradores. O comprador, por seu turno, deseja aquele produto e tem incentivo a despender o seu dinheiro por ele se souber que há quem o venda.

Os exemplos não se limitam às trocas comerciais, mas se aplicam a qualquer tipo de comportamento. Há situações em que os incentivos podem levar a comportamentos altruístas, comportamentos criminosos, violentos, atos de guerra, atitudes românticas, corteses, descorteses etc. Mesmo no contexto de determinadas interações já em curso, *v.g.* uma guerra, podem surgir espontaneamente ou ser estrategicamente plantados os incentivos para uma trégua.

No contexto da teoria dos jogos, os incentivos levam o nome de *pay offs*, podendo se manifestar na forma de recompensas ou punições. Mas são informações importantes para o jogador traçar a sua estratégia no jogo.

1.2.9 Ponderação custo-benefício de acordo com a informação disponível

Na tradição utilitarista de Jeremy Bentham, em que o critério de escolha é dor/prazer, que acaba por determinar o seu princípio da utilidade, em última instância, a Moral, o custo/benefício é uma adaptação igualmente binária que rege a busca pela maximização.

O indivíduo, ao se deparar com alternativas a sua escolha, buscará aquela que maximize o seu bem-estar, *i.e.*, que lhe traga mais benefício (prazer) do que custo (dor). Assim, terá realizado uma escolha racional.

É certo que essa ponderação não configura uma análise cartesiana toda vez que há uma escolha, tampouco que o sujeito parametrize custos e benefícios em uma planilha de Excel quando for fazer compras no mercado. Trata-se de uma forma intuitiva para a tomada de decisão na maior parte das vezes, mas que, a depender da importância que o agente dê para aquela escolha em particular, possa sim ser cuidadosamente racionalizada no sentido mais usual do termo. Por exemplo, ao ir jantar em um restaurante, a pessoa pode até ponderar custo e benefício do prato a escolher levando em conta itens como o que gosta mais, qual alimento é mais ou menos saudável, os preços etc. Mas muito provavelmente não irá tabelar esses custos e benefícios e calcular o resultado dessa relação enquanto o garçom espera. Por outro lado, se o indivíduo estiver prestes a realizar um importante investimento, que tenha risco e necessite de suas reservas financeiras, muito provavelmente irá, sim, ponderar cuidadosamente as escolhas a serem tomadas, os riscos, os custos e os benefícios.

Quanto à informação, a Escola Neoclássica de Economia, que dominou o *mainstream* por muitas décadas, e de certa forma ainda domina (ao menos nos princípios fundamentais), considerava que o indivíduo tinha informação completa ao escolher, ou seja, sabia de todos os custos e benefícios e das prováveis consequências da escolha. O *mainstream* ou *mainline* econômico, como se convencionou chamar o pensamento dominante, tem o mérito de sempre ter sido um sistema aberto, que permite correções e refinamentos. Sendo assim, o que correntemente se considera é que o indivíduo tem a informação que julga *suficiente* para tomar a sua decisão.

O critério para busca de informação, portanto, também segue a lógica do custo x benefício. O indivíduo buscará informação para sua tomada de decisão até o ponto em que o custo de sua obtenção não ultrapasse o benefício. Por exemplo, a única quantidade de informação que necessito ao atravessar uma rua é olhar para os dois lados da via e, havendo trânsito e não havendo semáforo para pedestre, estimar o tempo necessário para chegar à outra calçada sem ser atropelado. Por outro lado, se a decisão envolver algo que seja de alta relevância para mim e, mais importante, implicar alto custo de oportunidade (o custo da renúncia à alternativa não escolhida), certamente buscarei mais informações, a ponto de me sentir razoavelmente seguro (com o máximo de mitigação de risco que puder chegar). Se a alternativa fosse, por exemplo, seguir trabalhando na minha cidade natal, com razoáveis chances de crescimento profissional, ou mudar para outro Estado mediante uma proposta de trabalho sedutora, porém sem garantias de sucesso, somado a isso o risco natural de uma nova localidade desconhecida, sem contatos pessoais e profissionais, a decisão teria que ser baseada em uma análise custo-benefício prudente, com o máximo de informação que fosse possível obter.

CAPÍTULO 2

A TEORIA DOS JOGOS

2.1 Introdução

A teoria dos jogos é um ramo da matemática aplicada que tem uma profunda relação com a realidade (pesquisas empíricas), estudando o comportamento de agentes racionais (*homo economicus* ou *homo rationalis*) em interrelações sociais, através da construção de modelos (jogos) que simulam algumas situações de conflito e cooperação, proporcionando técnicas matemáticas gerais para análise.

Nesse sentido, o professor Brams (2012) apresenta estudo sobre a teoria dos jogos na área das ciências humanas, e os juristas americanos Baird, Picker e Gertner (1998), ou o polonês Wojciech Zaluski (2013) sobre a utilização nas ciências jurídicas.

A teoria dos jogos é uma espécie de guarda-chuva (enquanto pode ser usada por várias áreas) ou teoria da racionalidade nas ciências sociais, em que se estudam os comportamentos dos tomadores de decisão (jogadores), cujas ações afetam uns aos outros. O matemático Robert Aumann (1998), ganhador do prêmio Nobel de Economia de 2005, sugere que um nome mais descritivo para a disciplina seria "Teoria da Decisão Interativa", considerando sua aplicação.

A grande importância do estudo dessa matéria está na possibilidade de ver uma situação complexa como um "jogo" podendo traduzir alguns *insights* intuitivos através de um modelo quantitativo mais facilmente observável. Ou seja, a teoria dos jogos funciona como uma ferramenta que facilita a ordenação do pensamento estratégico. Na teoria dos jogos, é importante saber que enquanto os tomadores de decisão tentam manipular o meio, este, formado por outros agentes, está tentando manipulá-los de volta (Varian, 1992; Varian, 2003; Eaton e Eaton, 1999; Mas-Colell *et al.*, 1995; Pindick e Rubinfeld, 2005; Kreps, 1990; e Kreps, 2004). Por exemplo, se um contribuinte usar da estratégia de adimplir apenas parte da obrigação tributária, a outra parte (fisco) reagirá de algum modo.

Note-se que obviamente não foi a partir da criação oficial da teoria dos jogos que os indivíduos passaram a agir estrategicamente. Isso ocorre desde que o HOMEM É HOMEM, ao longo de toda a história humana e suas mais distintas culturas, mas a modelização desse agir estratégico se dá a partir de Von Neumann e Morgenstern, como veremos mais adiante.

Conta-se, quase como uma lenda, que na Copa da Suécia, em 1958, o técnico do esquadrão brasileiro Vicente Feola descreveu a Garrincha uma jogada complexa que ele deveria realizar para que culminasse em um gol. No alto de sua ingenuidade, o famoso ponta-direita questionou com sabedoria: "Seu Feola, o senhor já combinou com os russos?". Isso é teoria dos jogos pura! As estratégias de um jogador influenciam as estratégias dos outros, por isso devemos pensar de modo sistêmico. Não adianta o Estado aumentar as alíquotas achando que vai arrecadar mais, sem analisar o impacto que isso terá na atividade produtiva.

Mas antes de entrarmos nos jogos tributários, precisamos falar um pouco sobre os aspectos teóricos, pois não existe uma "teoria geral dos jogos". A natureza de cada jogo será determinada pelos elementos (explícitos ou costumeiros) desses jogos. A estruturação deles é que vai ser essencial para a análise, como vimos acima, assim como o estudo de jogos clássicos que indicam os comportamentos em situações similares, como em uma generalização.

A aplicação[8] da teoria dos jogos às interações humanas (econômicas, sociais, políticas etc.) é feita da seguinte forma: 1) através do conhecimento teórico prévio sobre a situação (teoria política, econômica etc.), define-se a situação como jogo estabelecendo-se as regras, os jogadores, as estratégias possíveis e os resultados vislumbráveis; 2) encontra-se uma "solução jogo-teórica" (*game-theoretic solution*) e 3)

---

[8] O aspecto positivo diz respeito à análise das interações sociais com base nas instituições vigentes (mundo do ser). Por outro lado, o caráter normativo estuda como as iterações poderiam ser (mundo do dever ser), ou seja, um comportamento abstrato.

vai-se à realidade ou à teoria estudada (econômica, sociológica, política etc.) para aplicar ou sugerir a solução. Alguns exemplos de jogos podem ser irreais, mas a sua simplicidade não impede de tornar mais fáceis de se compreender as questões essenciais do conflito ou cooperação do que na vida real.

Para "desenhar" um modelo de jogo teórico, começa-se com uma ideia decorrente de informações preliminares sobre a interação dos tomadores de decisão e expressa-se essa ideia em um modelo matemático incorporando as principais questões que parecem relevantes para tomada de decisão. Esse passo é um processo quase artístico, no qual o teórico deve se utilizar de todo o conhecimento prévio que ele tem.

Saber teoria dos jogos não significa ser capaz de sempre jogar bem, apenas facilita a visão geral para uma tomada de decisão. A principal vantagem da teoria dos jogos é fornecer uma estrutura teórica (*framework*) para orientar a melhor escolha. De igual forma, é necessário começar fornecendo toda a base teórica mínima para, depois, ir para um pouco de prática da teoria dos jogos. Desse modo, passaremos por partes um pouco mais matemáticas, outras mais explicativas, mas não é possível apresentar uma teoria infalível que dará a melhor resposta sempre.

Assim como em várias ciências, a prática da teoria dos jogos consiste na construção do *framework* teórico com a simplificação da realidade, utilizando-se de modelos matemáticos que resumem os fatos analisados para investigar o efeito de algumas situações estratégicas. Essa redução ocorre até nas ciências clássicas, como a física, que usa modelos sem atrito, mesmo diante de distinta realidade. Também temos esse uso parcimonioso da complexidade dos modelos na matemática e engenharia, com a aplicação da geometria euclidiana para medir distâncias reais, mesmo quando se sabe (após a teoria da relatividade geral) que os espaços não são planos, e seria mais adequado o uso de geometria riemanniana.

Os modelos, assim como as classificações, não podem ser julgados de modo absoluto como certos ou errados (salvo em sua própria lógica de construção), mas devem ser analisados como úteis ou inúteis, partindo do propósito para o qual se quer utilizar. Da mesma forma que um mapa, tal como se vê no aplicativo Waze (ou Google

Maps ou Maps), que é uma simplificação extremamente útil para o deslocamento dentro de uma cidade, mas inútil para planejar uma viagem de avião entre continentes.

Para melhor explicar o uso de modelos nas ciências e suas peculiaridades, lembramos o texto "do rigor na ciência", do escritor argentino Jorge Luis Borges:

> Do rigor na ciência
> (...) Naquele império, a Arte da Cartografia alcançou tal Perfeição que o mapa de uma única Província ocupava uma cidade inteira, e o mapa do Império uma Província inteira. Com o tempo, estes Mapas Desmedidos não bastaram e os Colégios de Cartógrafos levantaram um Mapa do Império que tinha o Tamanho do Império e coincidia com ele ponto por ponto. Menos Dedicadas ao Estudo da Cartografia, as gerações seguintes decidiram que esse dilatado Mapa era inútil e não sem Impiedade entregaram-no às inclemências do sol e dos Invernos. Nos Desertos do Oeste perduram despedaçadas Ruínas do Mapa habitadas por Animais e por Mendigos; em todo o País não há outra relíquia das Disciplinas Geográficas.
> Tradução livre de Jorge Luis Borges, Historia Universal de la Infamia (Buenos Aires, 1946)

A metáfora utilizada por Borges mostra que o mapa é apenas uma imagem simplificada da geografia real, da mesma forma que os modelos científicos não são reproduções perfeitas da realidade. Como falamos anteriormente, comparando com a física e a matemática. Contudo, é válida e possível a aplicação dos modelos simplificados e do conhecimento obtido por sua utilização, mesmo quando todos sabem que a realidade difere, desde que se considerem as devidas limitações.

Importante também separar a teoria em *positiva* e *normativa*. A teoria dos jogos positiva (como as coisas são) busca enxergar como as interações reais se dão, ou seja, como os jogos ocorrem no mundo e na nossa sociedade. Quando pensamos em teoria dos jogos evolucionária, a visão positiva é a tônica, pois se trata de uma análise da estratégia de sobrevivência das espécies e sua propagação via reprodução genética. Mas quando estamos diante de seres (auto) conscientes, dotados de intencionalidade, temos igualmente a visão normativa (como as coisas devem ser). Exemplificando com o dilema do prisioneiro, que será abordado mais adiante, é possível verificá-lo empiricamente em diversas situações reais, nas mais variadas interações sociais (análise positiva), assim como é frequentemente aplicado como estratégia em casos específicos (análise normativa). Um exemplo de verificação no mundo real é o problema do uso dos "bens comuns", conforme a teoria econômica, o que significa dizer uso rival e não excludente, cujo artigo clássico é "*The tragedy of commons*", de Garret Hardin (1968).

Todavia, a própria criação teórica do dilema é ilustrada pelos autores Flood e Drescher (1950) dentro do aspecto normativo, *i.e.*, uma situação estruturada com determinados *pay offs* para que os jogadores (prisioneiros) confessem seus crimes. Nesse sentido, pode-se afirmar que as tônicas dominantes na teoria dos jogos são normativa e descritiva.

2.2 Breve histórico

As bases da teoria dos jogos foram estabelecidas em 1944, através do livro *Theory of Games and Economic Behavior*, de John von Neumann e Oskar Morgenstern, que ampliou a ideia do trabalho original de von Neumann (*Zur Theories der Gesellschaftsspiele*) sobre o assunto.

O trabalho inicial de von Neumann usou o teorema do ponto fixo de Brouwer em relações contínuas aplicadas a conjuntos convexos compactos, que se tornou um método padrão na teoria dos jogos e na economia matemática. Em seguida, no livro com Morgenstern, apresentou uma teoria axiomática da utilidade. Esses trabalhos foram fundamentais para se encontrar soluções para jogos simples, como os de soma zero com dois jogadores, podendo, posteriormente, partir para jogos cooperativos e competitivos.

A evolução da teoria dos jogos passou a ser ainda mais intensa na década de 1950, quando surgiu um dos jogos clássicos mais importantes, que é o dilema do prisioneiro, como parte das investigações da RAND Corporation sobre a teoria dos jogos. Na mesma época, John Nash desenvolveu um critério de consistência mútua das estratégias dos jogadores conhecido como equilíbrio de Nash, aplicável a uma variedade mais ampla de jogos do que o critério proposto por von Neumann e Morgenstern. Nessa mesma década, surgiram os conceitos de núcleo, jogo de forma extensa, jogos repetidos, e o valor de Shapley foi desenvolvido.

Nos últimos 40 anos é que foi demonstrada a real importância da teoria dos jogos com um desenvolvimento prolífico de várias aplicações nas ciências sociais (Economia, Sociologia, Ciências Políticas, Direito etc.).

O tema é tão importante, que vários dos ganhadores do prêmio Nobel em Economia apresentaram relevantes contribuições para a teoria dos jogos, podendo exemplificar com os laureados Paul R. Milgrom (2020), Robert B. Wilson (2020), Jean Tirole (2014), Alvin E. Roth (2012), Lloyd S. Shapley (2012), Elinor Ostrom (2009), Roger B. Myerson (2007), Leonid Hurwicz (2007), Eric S. Maskin (2007), Robert J. Aumann (2005), Thomas C. Schelling (2005), George A. Akerlof (2001), A. Michael Spence (2001), Joseph E. Stiglitz (2001), William Vickrey (1996), Robert E. Lucas Jr. (1995), John C. Harsanyi (1994), John F. Nash Jr. (1994), Reinhard Selten (1994).

2.3 Elementos

Em um jogo têm que existir jogadores (ao menos dois) que escolherão alguma estratégia (tomada de decisão), de acordo com certas regras sobre a interação das táticas adotadas pelos jogadores envolvidos, cada jogador obtendo um resultado que pode ser positivo ou negativo.

As regras são os fatos relevantes que orientam o jogo, ou seja, são as leis que devem ser respeitadas no jogo, sendo que, em várias situações, percebe-se que essas regras são derivadas de instituições sociais (jurídica, lógica, política, morais etc.) previamente existentes. Apesar da importância destas, são estes os três elementos de um jogo: 1) jogadores; 2) estratégia; 3) resultado.

2.3.1 Jogadores

A primeira definição diz respeito ao aspecto subjetivo de um jogo. Os participantes envolvidos são os agentes econômicos que interagem na relação. Assim, deve haver, no mínimo, dois jogadores, não existindo número máximo de *players* no jogo. Por exemplo, os mercados, estudados pela teoria do preço, podem ser desenhados como um jogo com grande número de agentes.

Se os membros de um grupo tiverem uniformidade de ação, podem ser considerados um só jogador, como acontece com os países, as empresas e as equipes esportivas. Nos jogos, cada jogador deve ter consciência para avaliar a amplitude dos seus objetivos e a dos outros jogadores, assim se pode escolher uma estratégia de cooperação ou de competição com os outros jogadores. Os jogadores não precisam saber nada de teoria dos jogos para adotar a melhor estratégia, mas eles devem saber o que eles querem (quais suas preferências).

Nos jogos que serão estudados neste livro, haverá uma grande diversidade da quantidade de jogadores (alguns jogos com apenas dois e outros com "n" jogadores). Os tipos de jogadores também variarão, podendo se tratar do Estado (seja como fisco ou como legislador), pequenas empresas, pessoas jurídicas em geral, pessoas físicas etc.

2.3.2 Estratégias

As estratégias, para teoria dos jogos, devem ser vistas como um plano completo de ação que descreve o que o jogador fará em todas as circunstâncias possíveis. Assim, é quase impossível descrever uma estratégia completa, em detalhes, de qualquer jogo real (isso explica por que os teóricos dos jogos não são, necessariamente, bons jogadores de xadrez, pois há um grande número possível de estratégias), mas, nos modelos simplificados dos jogos, é possível identificar as melhores estratégias.

Em cada jogo procura-se um conjunto de estratégias (de todos os jogadores) que gere uma solução ideal (equilíbrio), que é a descrição do que cada jogador deve fazer e qual será o resultado de cada um. É possível que não existam soluções ideais ou, em contrapartida, que existam várias delas (Osborne, 2004).

Na definição das estratégias, o jogador utilizará todo o estoque instrumental que vimos no capítulo sobre a teoria da decisão, em especial as escolhas sobre as probabilidades envolvidas.

Em outras palavras, apesar da simplificação do modelo jogo-teórico, o estudo das estratégias nos ajuda a entender algumas consequências das ações escolhidas nas interações da vida cotidiana.

2.3.3 Resultados

Os resultados de um jogo são os elementos que constituem o conjunto de possibilidades das consequências das escolhas dos jogadores, ou seja, são os *outputs* que os jogadores recebem em decorrência de sua estratégia. É o que chamamos, no item 1.1 do capítulo 1, de prêmio representado pelo conjunto B (Osborne, 2004).

Apesar de a teoria dos jogos utilizar a lógica do utilitarismo, devido à impossibilidade de comparação interpessoal (escala cardinal) dos níveis de utilidade, em alguns jogos se pode usar a aproximação da propensão a pagar, remetendo à possibilidade de mensurarmos os resultados em moeda corrente.

2.3.4 Regras e tipos de informação

As regras do jogo são as circunstâncias em que um jogo ocorre, podendo dizer respeito a quantidade de informação envolvida, quantidade de vezes que o jogo se repete, limites das escolhas envolvidas e todas as demais complexas possibilidades de um modelo que reproduza as principais características da realidade.

Uma das principais regras é a que se refere às informações, pois o conjunto informacional disponível em um jogo pode variar bastante, desde os modelos clássicos, que consideram os jogadores como conscientes de todas as estratégias (suas e dos adversários) – jogos com informações perfeitas – às situações em que essa hipótese é violada. Estes últimos jogos lidam com situações mais próximas à realidade.

Esse elemento informacional da teoria dos jogos apresenta significativa evolução ao longo das últimas décadas. Inicialmente, considerava-se que as informações eram ilimitadas (o que era uma premissa muito forte); com a grande contribuição de Harsanyi (1968), passamos a trabalhar com conjuntos informacionais limitados.

Os "jogos de informação perfeita" são aqueles em que todos os jogadores sabem exatamente quais são os resultados possíveis, pois todas as informações estão disponíveis, como ocorre no xadrez. Por outro lado, a maioria dos jogos é mais complexa, por envolver situações em que a informação não é perfeita, e o jogador deve escolher sua estratégia sem saber o que seu adversário pode fazer. Um exemplo claro é o jogo de pôquer, em que os jogadores não sabem quais as cartas dos outros jogadores.

As informações incompletas podem ser agrupadas em três conjuntos (Harsanyi, 1968) de situações: 1) os jogadores podem não saber o resultado físico da função do jogo; 2) os jogadores podem não saber seus próprios resultados ou os dos outros jogadores; e 3) os jogadores podem não saber os seus espaços de estratégias ou os dos outros jogadores.

Conceitualmente, os modelos podem considerar o desconhecimento que é percebido como uma forma de redução da racionalidade perfeita e constitui a base da ideia da racionalidade limitada. Existem outras limitações (Feinberg, 2004), como a incapacidade de se conhecer as implicações lógicas e o completo alcance da situação, desprezo a possibilidades com baixa probabilidade e a tomada de decisão dispendiosa. Portanto, a limitação da racionalidade permite uma análise do comportamento real, mas em um ambiente restrito e sem perceber a possibilidade de que o escopo total da situação não seja observado.

No início do desenvolvimento da teoria dos jogos, não existia ferramenta adequada para trabalhar com jogos com informação incompleta (os teóricos simplesmente supunham que era completa, ou que este modelo se aproximava da realidade), mas era uma premissa muito difícil de ser mantida, pois os tomadores de decisão nunca estão cientes de todos os fatos, sendo isso superado com a racionalidade limitada. Destarte, uma vez que o jogo seja definido com algum nível de limitação racional, pode-se caracterizá-lo melhor e mesmo assim alcançar uma solução, mesmo que modelar jogos com incerteza seja uma tarefa difícil.

Em outras palavras, podemos usar a teoria dos jogos sem supor que os jogadores (tributaristas) sabem de tudo (até porque a legislação tributária é extremamente ampla e confusa), sendo possível desenhar modelos em que se incorporam essas limitações de racionalidade.[9]

---

9 Poderíamos ir além e afirmar que é virtualmente impossível um tributarista brasileiro conhecer toda a legislação, que inclui leis em *estrito sensu* (ordinárias, complementares, Constituição Federal), atos infralegais (regulamentos, decretos, portarias, instruções

Os modelos de jogos repetitivos geram informações (mesmo que intuitivas) das relações em curso. Desse modo, os fenômenos da cooperação, do altruísmo, da confiança, da punição e da vingança são previstos, podendo ser chamados de "informação subjetiva", pois se refere ao comportamento dos jogadores.

Na construção desses modelos, a evolução da estatística bayesiana foi de grande utilidade, pois lidamos com uma distribuição de probabilidade *a priori* (informação subjetiva), que depois é ponderada com a probabilidade *a posteriori* (distribuição observada). Assim, em jogos repetitivos, usamos esse modelo estatístico para adaptar as novas informações como informação subjetiva.

Desse modo, os jogos repetitivos geram informações (mesmo que intuitivas) das relações em curso, facilitando os fenômenos da cooperação, do altruísmo, da confiança, da punição e da vingança previstos. Essa situação pode ser chamada de "informação subjetiva", pois se refere ao aprendizado do jogador que adapta seu comportamento futuro, baseado no passado. Por exemplo, se um contribuinte acha que tem baixa chance de fiscalização, mas foi fiscalizado uma vez, o sujeito passivo deve mudar sua expectativa de novas fiscalizações.

Apesar das muitas evoluções nessa área, em várias situações a simplificação do modelo, reduzindo a realidade para uma forma de informação completa, é o suficiente para dar ao analista material para a tomada de decisão, seguindo a lógica do princípio da parcimônia (navalha de Occam).

---

normativas, pareceres normativos, circulares, portarias etc.) além de jurisprudência administrativa (municipais, estaduais e federal) e judicial (estadual, federal e tribunais superiores). Como se isso não bastasse, diariamente são criadas inúmeras novas normas em todas as esferas.

2.3.5 Representação do jogo

A análise de um jogo inicia-se com a especificação de sua apresentação. Desse modo, a estrutura dos jogos deve ser construída com bastante cuidado e precisão, pois se o modelo é muito simples, pode levar à perda de alguns importantes aspectos que se objetiva ver esclarecido; por outro lado, se for muito complexo, pode atrapalhar o estudo das variáveis importantes. Para evitar essas duas situações extremas, existem duas importantes formas: a forma normal ou estratégica e a forma extensiva (Osborne, 2004).

Os jogos, com todos os seus elementos, podem ser apresentados como descrições de um modelo matemático, ou seja, de forma analítica. Não obstante, para tornar mais simples a visualização (interface) existem outras duas formas clássicas de exibição da descrição simplificada da realidade.

2.3.5.1 Forma normal

A forma normal (ou estratégica) de representação é o modo mais simples e compacto de visualização de um jogo, através de uma matriz quadrada que possui tantas colunas e linhas quantas estratégias existirem, e com os resultados identificados nas células da matriz. Essa representação de jogo (na forma normal) ressalta a simultaneidade da seleção de estratégias dos jogadores (Osborne e Rubinstein, 1994).

A definição formal de um jogo na forma normal consiste em um conjunto finito N (de jogadores), e para cada jogador $i \in \mathbb{N}$ existe um conjunto não vazio E_i de estratégias possíveis para o jogador i que agirá para maximizar seus resultados de acordo com seu conjunto de preferências, que pode ser representado por uma função utilidade **u**.

A representação dessa forma se dá com a conhecida matriz de resultados. As estratégias do jogador 2 estão no lado esquerdo, enquanto as estratégias do jogador 1 estão na parte superior da matriz, e em cada célula estão representados os resultados de forma $(u_1(e_1, e_2),\ u_2(e_1, e_2))$ – ou seja, o primeiro número indica a utilidade para o jogador 1, e o segundo número representa a utilidade para o jogador 2 – para as estratégias selecionadas $e_1 \in E_1$ e $e_2 \in E_2$.

Só para deixar mais claro, lançamos mão de um exemplo. Imaginemos um jogo em que o Contribuinte (jogador 1) tem as estratégias declarar ou sonegar, enquanto o Estado (jogador 2) pode adotar as estratégias de fiscalizar ou não fiscalizar. Um jogador não sabe da escolha do outro anteriormente à sua decisão. Os resultados para cada um dos jogadores estão identificados com o número respectivo em subscrito, sendo que usamos letras diferentes para não haver confusão – a nomenclatura "u" é a mais tradicional, por se referir ao valor utilidade de cada conjunto de estratégias.

Figura 1: Exemplo de forma normal

Estado (Jog. 2) \ Contribuinte (Jog 1)	Declarar	Sonegar
Fisc.	u_1, u_2	w_1, w_2
Não Fisc.	v_1, v_2	z_1, z_2

Fonte: Elaboração própria.

Vale salientar que nem todos os jogos de forma normal podem ser representados como uma matriz, pois quando temos mais de dois jogadores ou estratégias contínuas, as representações matriciais não são muito úteis e teriam que ser multidimensionais. A forma normal é considerada (Myerson, 1991) um modelo estático, no sentido de desprezar o tempo e considerar que todos os jogadores decidem simultaneamente.

2.3.5.2 Forma extensiva

A forma extensiva de um jogo é uma especificação que permite (como fica sugerido pelo nome) uma representação do sequenciamento das possíveis ações dos jogadores, com suas escolhas estratégicas em cada nó de decisão, considerando as informações limitadas que cada jogador tem sobre os movimentos do outro jogador quando ele toma uma decisão e seus resultados para o jogo (Osborne e Rubinstein, 1994).

Essa é a forma de descrever um jogo usando uma estrutura de árvore com um conjunto de ramos em que cada um conecta dois pontos (chamados de nós de decisão), de modo que a representação é um diagrama simples, que mostra as opções de escolhas em diferentes nós sequenciais no tempo, com os resultados (*pay off*) representados no final de cada ramo. Cada jogador é representado sobre os nós, e os ramos que dele partem são suas possíveis escolhas.

Seguindo o mesmo exemplo visto no item anterior, mas, neste caso, o jogador 1 (contribuinte) adota sua estratégia primeiro, e só depois o jogador 2 (Estado) escolhe a sua resposta estratégica.

Figura 2: Exemplo de forma extensiva

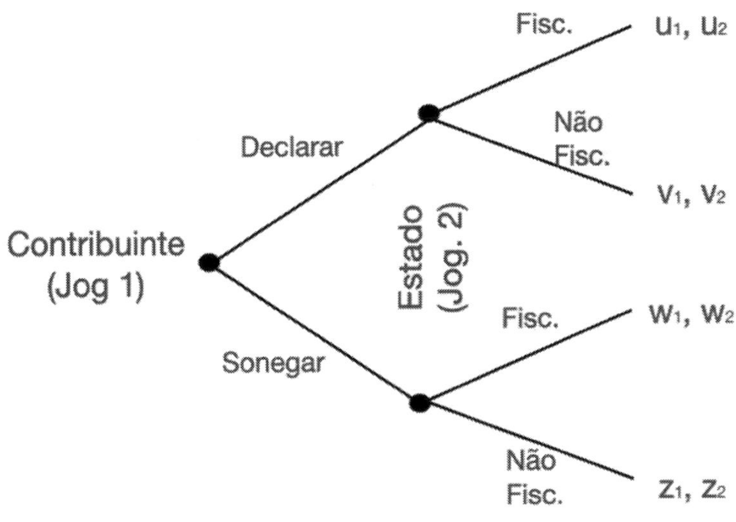

Fonte: Elaboração própria.

A representação extensiva de um jogo é geralmente usada para descrever jogos sequenciais, pois ela representa decisões em momentos diferentes. Uma vez que os jogos dessa natureza implicam decisões em momentos diferentes para cada jogador, a informação costuma ser perfeita, permitindo a cada jogador ver a decisão tomada pelo outro contendor. Desse modo, é um modelo dinâmico (Myerson, 1991), pois inclui uma completa descrição da sequência de como os eventos podem ocorrer.

Um exemplo clássico desse tipo de jogo são os lançamentos por homologação, nos quais o contribuinte age inicialmente, informando sua situação tributária e recolhendo o tributo. Em um momento posterior, o estado (fisco) atua, podendo homologar ou lançar eventual divergência, podendo gerar um novo ato do contribuinte em um terceiro momento. Outros exemplos são situações iteradas, como negociações tributárias, que podem ser tanto entre países (tratados para evitar bitributação), entre ente federativo (municípios ou estados) e contribuinte, ao negociar um benefício fiscal ou regime especial de tributação ou entre fisco e contribuinte nas transações tributárias.

2.3.6 Tempo do jogo

É importante entender que existem dois pontos importantes quanto ao aspecto temporal do jogo (Osborne e Rubinstein, 1994). Um diz respeito ao momento das ações (os jogos podem ser simultâneos ou sequenciais), o outro é relativo à quantidade de vezes que ocorre o jogo (jogo único ou repetitivo).

2.3.6.1 Jogos simultâneos x jogos sequenciais

Os jogos simultâneos são aqueles em que todos os jogadores decidem (e agem) no mesmo momento ou, no mínimo, sem ter conhecimento sobre a decisão dos outros jogadores (o que é equivalente a ser no mesmo momento), já que é uma situação de ignorância mútua. O que importa, neste caso, é que todos os jogadores façam suas jogadas no mesmo momento lógico, embora não haja simultaneidade cronológica, como ressaltado por McAdams (2014).

Situações em que a tomada de decisão em momento distintos, mas sem conhecimento sobre o outro jogador, também podem ser apresentadas na forma extensiva, entretanto, faz-se necessária uma "correção" para demonstrar essa questão (o que se faz através de uma linha tracejada circulando os nós decisórios com o mesmo conjunto de informações). Usando o exemplo anterior, se o Estado decide fiscalizar sem saber se o contribuinte sonegou:

Figura 3: Exemplo de forma extensiva sem conhecimento

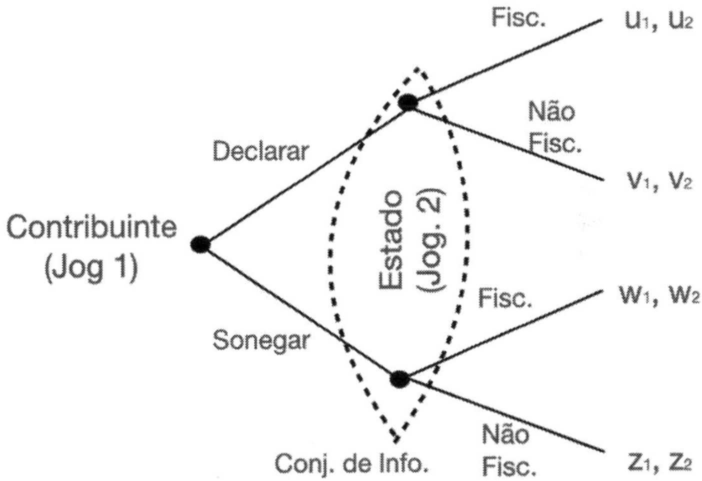

Fonte: Elaboração própria.

Imagine uma brincadeira de par ou ímpar: ambos os jogadores tomam conhecimento da decisão do outro no mesmo momento, e após já terem decidido sua estratégia.

Por sua vez, nos jogos sequenciais ou dinâmicos, um jogador tem conhecimento sobre as estratégias anteriores, mesmo que seja pouca informação. A forma como jogos sequenciais se desenvolve depende criticamente de mais um fator: se o último é capaz de se comprometer antecipadamente com o modo como responderá à escolha do primeiro.

Um jogo é considerado sequencial se, no mínimo, um jogador puder observar e responder ao movimento decisório de outro jogador. Alguns autores, como McAdams (2014), dividem em jogos de comprometimento quando o jogador pode combinar as estratégias.

A maioria dos jogos tributários é sequencial. Por exemplo, em um jogo tributário com lançamento por homologação, o jogador-fisco conhece parte da estratégia usada pelo jogador-contribuinte. Outros, já citados acima, também, como negociação de tratados, de benefícios e regimes especiais, transação tributária, assim como contencioso tributário em geral.

2.3.6.2 Jogos únicos (*one shot game*) x jogos repetitivos

Os jogos únicos (*one shot game*), como o próprio nome indica, é aquele jogo que ocorre uma única vez, diferentemente dos jogos repetitivos. Há muita repercussão nas escolhas, pois o jogador não tem como aprender sobre o comportamento do outro jogador.

O melhor exemplo que podemos identificar de jogos únicos, na área fiscal, é o imposto de transmissão *causa mortis*, pois essa relação somente ocorre uma vez (tendo em vista que não é possível morrer mais de uma vez). Dessa feita, o contribuinte sem uma assessoria jurídica experiente não poderá aprender sobre o comportamento do fisco em resposta à estratégia do pagador de tributo.

Por outro lado, os jogos repetitivos são aqueles que não se encerram após a primeira sequência de jogadas, ocorrendo repetições com o decorrer do tempo e permitindo que os jogadores aprendam sobre o comportamento dos outros agentes.

Por exemplo, o que ocorre com o imposto de renda para uma empresa que mantém suas atividades ao passar do tempo.

2.3.7 Retaliação e reputação

Além da possibilidade de usar estatística bayesiana e ferramentas de *machine learning* (quando se tem dados), os jogos repetidos, de acordo com Mailath e Samuelson,[10] permitem uma descrição clara dos incentivos para os agentes, por meio de especificações apropriadas de comportamento futuro (e, portanto, recompensas e punições). E os incentivos que impedem o comportamento oportunista.

Com acesso a essas informações de jogos que já ocorreram, os jogadores podem adaptar (mudando a expectativa sobre o

[10] MAILATH, George J.; SAMUELSON, Larry. Reputations in Repeated Games (June 27, 2013). *Pier Working Paper*, n. 13-034, Available at SSRN: https://ssrn.com/abstract=2286763 or http://dx.doi.org/10.2139/ssrn.2286763

comportamento dos outros participantes) suas estratégias a esse novo conjunto informacional. Assim, surgiram estratégias como o gatilho severo (*grim trigger*) e o olho por olho (*tit for tat*) (Osborne; Rubinstein, 1994).

Em jogos do tipo dilema do prisioneiro, que veremos adiante, um jogador A que usa a estratégia do gatilho severo coopera, mas, assim que o oponente desertar do acordo (satisfazendo assim a condição do gatilho), "A" também mudará sua estratégia pelo resto do jogo repetitivo. Uma vez que um único descumprimento do oponente desencadeia a deserção para sempre, o gatilho severo é a mais dura das estratégias em um jogo repetido.

Na estratégia de olho por olho, o jogador "A" inicia cooperando e decide sua jogada replicando a ação anterior do oponente. Se o oponente for cooperativo no momento t_0, "A" é cooperativo no momento t_1, e a recíproca é verdadeira para a não cooperação.

Da mesma forma, essas estratégias podem ser usadas no Direito Tributário, em jogos repetitivos.

2.3.8 Equilíbrios

A função de melhor resposta é um elemento central na análise dos jogos e refere-se à ação ou ao conjunto de ações que um jogador toma, de modo a maximizar seu próprio benefício, dadas as ações dos demais jogadores. Em outras palavras, é a estratégia (ou espaço de estratégias) que oferece o maior retorno para um jogador, levando em consideração as ações dos outros jogadores (Fudenberg e Tirole, 1991; Gibbons, 1992). Esse conceito é central para a construção do equilíbrio de Nash, sendo este o ponto de estabilidade de todas as funções de melhor resposta.

A ideia de equilíbrio é similar à solução do jogo. Ela reflete a situação em que as partes agem de modo plenamente racional. Embora a irracionalidade e as crenças incorretas sejam comuns na prática, o conceito de equilíbrio ainda pode ser útil como ponto de partida para se pensar em como os jogos do mundo real provavelmente vão se desenrolar.

O conceito de equilíbrio mais famoso é o "equilíbrio de Nash", que é um perfil de opções de estratégia, uma para cada um dos N jogadores em um jogo, de modo que a estratégia de cada jogador seja a melhor resposta para os N – 1 outros. É fruto da melhor resposta dos *players*, dadas as estratégias escolhidas pelos outros.

2.3.8.1 Equilíbrio de estratégia dominante

É o equilíbrio onde todos os jogadores têm uma estratégia que domina as outras, restando apenas uma. Em outras palavras, uma estratégia (ou uma combinação delas) domina as outras (Osborne e Rubinstein, 1994).

Como vimos, a representação de um jogo, na forma normal, pode ser definida como $J = \{E_1, \cdots, E_n; u_1, \cdots, u_n\}$, sendo n jogadores com espaços de estratégias de cada um deles como $E_1, \cdots, E_n$ e suas funções de utilidade representadas por $u_1, \cdots, u_n$.

Como a principal visualização dessa representação é através de uma matriz com todos os elementos acima, costuma-se representar jogos simultâneos. Entretanto, ainda que os jogadores não atuem simultaneamente, eles podem escolher suas estratégias de modo sucessivo, sem saber qual foi a escolha da estratégia do outro jogador.

Exemplo: Na escolha das estratégias, precisamos destacar que algumas delas são inferiores a outras, sendo chamadas de dominadas. Os jogadores racionais não escolhem as estratégias estritamente dominadas, tendo em vista que em nenhuma situação elas trazem resultados melhores para o jogador.

A definição formal desse equilíbrio pode ser feita da seguinte forma: em um jogo normal $J = \{E_1, \cdots, E_n; u_1, \cdots, u_n\}$, consideramos e_i' e e_i'' como duas estratégias possíveis para o jogador ($\forall\, e_i' \in E_i$ e $\forall\, e_i'' \in E_i$). Podemos dizer que a estratégia e_i' está estritamente dominada pela estratégia e_i'' se o resultado de *i* (u_i) for melhor, para todas as combinações das estratégias dos demais jogadores, com a escolha de e_i''.

Ou seja:

$u_i(e_1, \cdots, e_i', \cdots, e_n) <$

$u_i(e_1, \cdots, e_i'', \cdots, e_n)\ \forall\ (e_1, \cdots, e_{(i-1)}, e_{(i+1)} \cdots, e_n)$ construídos dos espaços de estratégias dos jogadores $E_1, \cdots, E_{(i-1)}, E_{(i+1)}, \cdots, E_n$.

Os jogadores racionais nem cogitam usar as estratégias estritamente dominadas, pois em todas as situações existem outras preferíveis. Desse modo, os jogadores podem "excluir" essas estratégias em um processo conhecido como eliminação das estratégias estritamente dominadas, como podemos ver do exemplo abaixo:

Figura 4: Jogo normal com dois jogadores, e cada um com três estratégias

	A	B	C
X	7,1	3, 0	3, 3
Y	6, 2	3, 3	4, 0
Z	8, 3	4, 1	5, 2

Fonte: Elaboração própria.

Da representação normal (matricial) do jogo acima, pode-se perceber que a estratégia Y não tem o menor sentido de ser escolhida pelo jogador 2, pois ele sempre terá uma escolha melhor para realizar. Assim, podemos excluir a referida estratégia da análise.

Figura 5: Elimina-se a estratégia Y, pois se percebe que para o jogador 1 (da esquerda) essa estratégia é dominada em todos os cenários

	A	B	C
X	7,1	3, 0	3, 3
Y	6, 2	3, 3	4, 0
Z	8, 3	4, 1	5, 2

Fonte: Elaboração própria.

No processo de análise seguinte, é possível perceber que o jogador 1 desprezará a estratégia B, pois sempre haverá escolhas melhores para ele. Mais uma vez, podemos excluir a referida estratégia da análise.

Figura 6: Elimina-se a estratégia B, pois ela é dominada pelas estratégias do jogador 2 (de cima), considerando o cenário remanescente

	A	B	C
X	7,1	3, 0	3, 3
Z	8, 3	4, 1	5, 2

Fonte: Elaboração própria.

Neste momento, podemos retirar da análise a estratégia X do jogador 2, pois também percebemos que sempre haverá estratégias melhores.

Figura 7: O jogador 1 elimina a estratégia X

	A	*C*
X	7, 1	3, 3
Z	8, 3	5, 2

Fonte: Elaboração própria.

Por fim, verificamos que, entre as opções de estratégia restantes, o jogador 1 pode eliminar a estratégia C, restando apenas a estratégia A, que será a escolhida por ele.

Figura 8: O jogador 2 elimina a estratégia C

	A	*C*
Z	8, 3	5, 2

Fonte: Elaboração própria.

Assim, depois de todo o processo de eliminação, identificamos que as estratégias escolhidas (A e Z) levarão ao resultado abaixo:

Figura 9: Após a eliminação iterativa, encontra-se o equilíbrio de estratégia dominante

	A
Z	8, 3

Fonte: Elaboração própria.

Esse seria o equilíbrio de estratégia dominante, pois todas as estratégias dominadas foram eliminadas. Se o leitor estiver pensando que isso é uma mera questão matemática ou acadêmica, vale o aprendizado de que, em certas situações, estratégias possíveis devem ser desprezadas, porque sempre existe outra escolha com resultado melhor.

Na área tributária, podemos imaginar que a estratégia de pagar um tributo "a" maior para posterior restituição (via devolução, compensação ou indébito judicial) é uma estratégia dominada por pagar o valor incontroverso e realizar eventual depósito judicial para discutir o tema. De forma mais simples, vale mais a pena depositar em juízo (evitando eventuais multas) e aguardar a decisão sobre o litígio, que antecipar o pagamento ao Fisco para posteriormente requerer restituição. Já que de qualquer forma haverá dispêndio de caixa, é mais vantajoso que esse montante fique sob a guarda de uma terceira parte neutra, cuja devolução, em caso de sucesso, será mais garantida e rápida.

2.3.8.2 Equilíbrio de Nash

Como vimos anteriormente, esse equilíbrio consiste na circunstância em que nenhum jogador tem incentivo (vantagem) para mudar sua estratégia. Essa conjuntura pode-se representar matematicamente, de maneira mais abrangente, em um jogo de n jogadores $J = \{E_1, \cdots, E_n; u_1, \cdots, u_n\}$; define-se formalmente o Equilíbrio de Nash como sendo o conjunto de estratégias $(e_1^*, \cdots, e_i^*, \cdots, e_n^*)$ tal que para qualquer jogador i sua estratégia (e_i^*) seja a melhor ou uma delas (Osborne e Rubinstein, 1994). Em outras palavras,

$$e_1^*, \cdots, e_i^*, \cdots, e_n^* | \ \forall \ E_i \rightarrow u_i({}_1^*, \cdots, e_i^*, \cdots, e_n^*) \gtrsim u_i({}_1^*, \cdots, e_i, \cdots, e_n^*)$$

Isso posto, dizer que um conjunto de estratégias $(e_1^\alpha, \cdots, e_j^\alpha, \cdots, e_n^\alpha)$ não consiste em um equilíbrio de Nash significa dizer que para algum jogador j a estratégia e_j^α não é a melhor escolha, tendo estímulos para não a escolher – consequentemente não é um equilíbrio.

Outra definição formal para o equilíbrio de Nash é que se trata de um perfil estratégico, de modo que a decisão de cada jogador seja a melhor resposta às estratégias de outros jogadores. Lembrando que "a melhor resposta" de um jogador é a estratégia que maximiza seu retorno, dadas as estratégias de outros.

A principal ideia que subjaz ao conceito de equilíbrio de Nash é encontrar estratégias que se imponham naturalmente, ou seja, os jogadores não têm estímulos para adotar qualquer outra estratégia que desvie de resultado. Apesar de as estratégias que se imponham naturalmente serem equilíbrio de Nash, essa é uma condição necessária, mas não suficiente. Logo, é possível que um equilíbrio de Nash não seja o caminho natural. Para demonstrar isso, lançaremos mão de alguns exemplos:

Figura 10: Exemplo 1 de equilíbrio de Nash

	E_2	D_2
E_1	3, 3	0, 0
D_1	0, 0	0, 0

Fonte: Elaboração própria.

No exemplo acima, expresso de forma matricial, existem dois Equilíbrios de Nash (E_1, E_2) e (D_1, D_2), entretanto este último equilíbrio não se impõe. Vejamos a situação do jogador 1 (análoga à do jogador 2), em que mesmo que ele tenha combinado, com o outro jogador, de escolher D_1, uma mudança deste jogador não implica prejuízo. Ao contrário, o jogador 1 tem o estímulo de jogar E_1, pois não terá prejuízo e pode ganhar mais, caso o jogador 2 decida pela estratégia E_2ao invés do combinado D_2. Ou seja, apesar de as estratégias (E_1, E_2) e (D_1, D_2) serem equilíbrio de Nash, a segunda não é autoexecutável.

No exemplo acima, o equilíbrio de Nash que se impõe não tem relação com o melhor para a sociedade, sendo uma análise exclusiva das estratégias. Assim, em jogos não cooperativos e sem comunicação entre os envolvidos, situação bem comum nas decisões empresariais, o efeito social não influencia a decisão dos jogadores. Para ilustrar a questão, vejamos outro jogo com dois equilíbrios possíveis, mudando um pouco a matriz já citada.

Figura 11: Exemplo 2 de equilíbrio de Nash

	E_2	D_2
E_1	3, 3	10, 0
D_1	0, 10	9,9

Fonte: Elaboração própria.

Nessa última matriz, também temos dois Equilíbrios de Nash (E_1, E_2) e (D_1, D_2) e, assim como no exemplo acima, apenas o primeiro equilíbrio se impõe naturalmente (sem comunicação entre os jogadores). Nesse caso, a escolha das estratégias (E_1, E_2) não é o melhor para a sociedade, mas é o único resultado estável. Essa é a situação conhecida como dilema dos prisioneiros.

Tomemos J = (E_1, E_2, u_1) como um jogo de soma zero com dois jogadores, um equilíbrio de Nash do jogo J é um perfil de estratégia $(e_1^*, e_2^*) \in E_1 \times E2 \mid \forall \hat{e}_1 \in E_1, \hat{e}_2 \in E_2 \Rightarrow u_1(e_1^*, e_2^*) \geq u_1(\hat{e}_1, e_2^*)$ e $-u_1(e_1^*, e_2^*) \geq -u_1(e_1^*, \hat{e}_2)$, ou seja:

$$u_1(\hat{e}_1, e_2^*) \leq u_1(e_1^*, e_2^*) \leq u_1(e_1^*, \hat{e}_2)$$

onde a estratégia $(e_1^*, e_2^*) \in E_1 \times E_2$ é o ponto de sela de u_1 ou o equilíbrio de Nash, quando satisfaz a equação acima.

Para ilustrar a situação, imaginemos duas empresas decidindo entre uma disputa de mercado baixando preços. Se não houver proibição de *dumping*, é possível a prática de preço predatório somente para expulsar outras do mercado, como em um dilema do prisioneiro.

2.3.8.3 Equilíbrio maximin

Tipo de estratégia maximin é adotado quando o jogador deseja minimizar suas perdas. O pensamento do jogador é escolher olhando qual é o melhor entre as piores opções. Dessa forma, um equilíbrio é o resultado alcançado quando os jogadores usam essa estratégia, a qual recebe este nome. Podemos definir formalmente, como Osborne (2004), em um jogo estratégico com a função de utilidade (resultados) padrão (estudada por von Neuman-Morgenstern), uma estratégia mista de maximização para o jogador i é uma estratégia mista e_i^* que resolve o problema de maximização:

$$\max_{e_i} \min_{e_{-i}} u_i\,(e_i, e_{-i})$$

Além disso, essa estratégia é muito usada à última regata de uma competição náutica, quando o líder da competição está a distância grande do segundo colocado. Na última prova, o barco líder da competição não objetiva nenhum lugar especial se não chegar muito atrás do segundo colocado geral, e adota uma estratégia de perseguição. Ou seja, a estratégia é ter o menor prejuízo possível.

Outra situação em que os jogadores lançam mão desse tipo de estratégia é no tênis. Nesse esporte, é comum o jogador que erra o primeiro saque aliviar no segundo saque, evitando a perda precoce do ponto, mas diminuindo a chance de um Ace. Em outros termos, o tenista escolhe o saque com menor prejuízo possível. Vale lembrar que alguns jogadores, como Pete Sampras, não adotam essa estratégia, preferindo manter a mesma potência do saque com maior probabilidade de erro.

Essa situação é muito comum quando o jogador entra em um jogo interativo, em um primeiro momento, por ter informações incompletas sobre as estratégias do seu oponente. Por exemplo, se uma empresa muda de domicílio fiscal e ainda não conhece como trabalha a fiscalização local, é prudente a adoção desse tipo de estratégia.

A estratégia maximin é uma forma de "seguro" frente a situações de informação incompleta. Na filosofia política, foi celebremente empregada por John Rawls, em seu clássico *Uma Teoria da Justiça,* como estratégia na estruturação de um contrato social que preservasse o mínimo para aqueles menos afortunados, sendo essa uma estratégia natural e desejada se todos tivessem que optar por princípios de justiça (no sentido distributivo) partindo de uma "posição original" e sob um "véu de ignorância", em que ninguém soubesse o seu *status* social e econômico ou suas perspectivas de sucesso, ou mesmo suas habilidades naturais. Logo, não sabe se será bem-sucedido ou fracassado, portanto, escolher uma forma principiológica de distribuição de recursos que atenda a todos de forma justa seria a opção mais racional.

2.3.8.4 Equilíbrios de estratégias mistas em jogos finitos

Algumas vezes, o jogador não encontra uma estratégia pura, então precisa fazer uma combinação das várias. Essa escolha probabilística de diversas táticas disponíveis é o que se chama de *estratégias mistas* (Osborne e Rubinstein, 1994).

Considerando que o jogo, na forma normal, $J = \{E_1, \cdots, E_n;\ u_1, \cdots, u_n\}$ e que$E_j = \{e_{j1}, \cdots, e_{jZ}\}$, podemos dizer que, para o referido jogador j, uma *estratégia mista* é uma distribuição de probabilidade $p_j = \{p_{j1}, \cdots, p_{jZ}\}$, tal que $0 \leq p_{jZ} \leq 1\ \forall\ k$ e $\sum_{n=1}^{Z} p_{in} = 1$.

Ou seja, essa estratégia é uma combinação linear de outras estratégias. A título de exemplo, se uma empresa tem duas fábricas, cada uma em um estado da federação, e ambas produzem o mesmo bem sobre o qual haja dúvida sobre a classificação tributária do ICMS, com diferença de alíquota de acordo com a especificação, o tributarista responsável pode adotar uma estratégia mista, classificando de modo diverso nas diferentes unidades da federação.

2.3.9 Jogos de soma zero e jogos cooperativos

Os jogos chamados de soma zero são aqueles em que *a soma* total dos resultados de todos os jogadores é zero, ou seja, o ganho de um jogador significa a perda de outro jogador. Em outras palavras, um jogo é considerado de soma zero se, durante o transcorrer do jogo, não houver variação positiva ou negativa (criação ou destruição) dos valores do resultado. Por exemplo, o jogo de xadrez é de soma zero, pois se um dos jogadores ganha, o outro perde (Osborne, 2004).

Em sentido oposto, os jogos que sejam de soma não zero (resultado pode aumentar ou diminuir) significam que todos os jogadores podem perder ou ganhar ao mesmo tempo, isto é, são jogos no qual o ganho de um jogador não corresponde à perda de outro(s) jogador(es), necessariamente. Um exemplo claro de jogo de soma não zero são as relações comerciais entre dois países, em que ambos podem ganhar simultaneamente (é o que se prova pelos modelos de economia internacional).

Um erro bastante comum, e que frequentemente influencia políticas públicas com intuitos de redistribuição de renda, é considerar a riqueza distribuída desigualmente em uma sociedade como um jogo de soma zero. Metaforicamente, é como se essa riqueza fosse como uma torta cujas fatias foram distribuídas de forma desigual, e, na visão de alguns, injustamente. Ou seja, se a torta foi fatiada em 10 partes, havendo 10 pessoas, e, por qualquer razão que seja, o sujeito "A" ficou com 5 fatias, outras 4 pessoas ficaram com uma fatia cada, e os restantes 5 dividiram a última fatia (farelos), haveria uma redistribuição desigual, por óbvio, e injusta, uma vez que não haveria mais tortas para dividir, e se um fica com uma fatia a mais, significa que os demais, ficam com menos. Ocorre que a riqueza (e sua criação) nunca é estática, é sempre dinâmica (e muitas vezes instável), e isso é verificado empiricamente de forma muito fácil, especialmente quando vemos aspectos negativos dessa dinâmica, como as crises econômicas, ou aspectos positivos, como várias das destruições criativas schumpeterianas que temos presenciado nos últimos anos, especialmente no setor de novas tecnologias.

Na área tributária, a tradição, firmada por uma cultura dividida entre Estado e particular, sempre foi a de conflito, a de litígio entre as partes: fazenda e contribuinte. Ao contrário do contencioso cível, em que sujeitos de direito privado litigam, e acordos sempre foram previstos pela Lei e, inclusive, incentivados pelos juízes das causas, o contencioso tributário só permitia um resultado: ou a Fazenda Pública vencia, ou o contribuinte vencia a contenda. Tratava-se, portanto, de um jogo de soma zero. Um dos argumentos para sustentar essa realidade vinha do Direito Administrativo, especialmente o princípio da supremacia do interesse público sobre o interesse particular e, principalmente, o princípio da indisponibilidade do interesse ou bem público.

Por esse racional, o crédito tributário pleiteado pelas procuradorias da fazenda nos litígios tributários não eram bens de sua titularidade, mas sim do coletivo, da sociedade. Logo, não poderia renunciar a parte deles, condição necessária para barganhar com o contribuinte. Por conta disso, os processos tinham que ir até o fim, esperando que houvesse algum vencedor, o que acarretava anos, além de custos financeiros e custos de oportunidade. Eventualmente, essas travas eram aliviadas com planos periódicos de remissão e anistia fiscal, o que passou a ser feito de forma regular, com os chamados "refis", a partir do ano 2000 até os dias de hoje. Contudo, no contexto do litígio, apenas recentemente se percebeu que a proteção do interesse/bem público via litigar até o fim era uma falácia, pois o custo de oportunidade na alocação dos recursos públicos (procuradores, juízes, máquina do judiciário) acaba por consumir muito mais aquele bem do que a eventual renúncia parcial dele em prol de um acordo, que por sua vez garante receita para a Fazenda sem o custo de oportunidade proibitivo. Eis a transação tributária que transformou o jogo de soma zero em soma não zero, o que trataremos mais à frente.

2.3.9.1 Jogos de soma zero com dois jogadores

Os jogos de soma zero são caracterizados por não apresentar variação exógena nos resultados das escolhas estratégicas entre os jogadores, ou seja, os interesses dos jogadores envolvidos são completamente opostos, já que o valor que um jogador ganha é resultado do ganho do outro. Esses jogos foram inicialmente estudados por John von Neumann, que introduziu os principais conceitos matemáticos. Como exemplos simples, podemos nos lembrar da brincadeira de "par ou ímpar" ou do jogo de pôquer como jogos de soma zero (Osborne, 2004).

Por uma questão de simplificação,[11] a maioria dos trabalhos que utiliza a teoria dos jogos analisa um jogo clássico de "soma zero"

[11] Seguindo o princípio científico da parcimônia ou "navalha de Occam".

com apenas dois jogadores – a extensão mais simples é através da compreensão de um dos jogadores como sendo o conjunto de todos os demais jogadores agregados.

Um jogo de soma zero com dois jogadores é definido matematicamente como $J = (\{E_1, E_2\}, \{u_1, u_2\})$, onde, para cada perfil de estratégia $(e_1, e_2) \in E_1 \times E_2, u_1(e_1, e_2) + u_2(e_1, e_2) = 0$, sem nenhuma restrição para os conjuntos E_1 e E_2.

Para caracterizar esse tipo de jogo, é suficiente ter a função resultado de apenas um dos jogadores, geralmente a do jogador 1. Assim, pode-se dizer que J é o trio (E_1, E_2, u_1), assumindo que u_1 é limitado em $E_1\ X\ E_2$. Como os interesses são contraditórios, vale lembrar que sempre que o jogador 1 preferir (e_1, e_2) a $(\widehat{e_1}, \widehat{e_2})$, o jogador 2 preferirá $(\widehat{e_1}, \widehat{e_2})$ a (e_1, e_2).

Considerando J = (E_1, E_2, u_1) um jogo de soma zero com dois jogadores, podemos definir:

Seja $\underline{\Lambda} : E_1 \to \mathbb{R}$ definido, para cada $e_1 \in E_1$, por $\underline{\Lambda}(e_1) := inf_{e_2 \in E_2} u_1(e_1, e_2)$, isto é, o pior resultado que o jogador 1 pode obter se ele jogar e_1, em outros termos, é o ínfimo do conjunto de resultado. O menor valor do jogo que o jogador 1 pode garantir para si pode ser dado como:

$$\underline{\lambda} := \sup_{e_1 \in E_1} \underline{\Lambda}(e_1)$$

Isso significa que é o limite inferior do conjunto de resultados e, como tal, é o maior valor (supremo) do conjunto dos ínfimos.

Por outro lado, seja $\overline{\Lambda}: E_2 \to \mathbb{R}$ definido, para cada $e_2 \in E_2$, por $\overline{\Lambda}(e_2) := sup_{e_1 \in E_1} u_2(e_1, e_2)$, isto é, a maior perda que o jogador 2 pode obter se ele jogar e_2. O maior valor do jogo que o jogador 1 pode garantir para si, ou a maior perda para o jogador 2, pode ser dado como:

$$\overline{\lambda} := \inf_{e_2 \in E_2} \overline{\Lambda}(e_2).$$

Isso significa, em português, que o maior valor é o limite superior do conjunto de resultados. A expressão matemática apenas declara a lógica.

Observe que o limite superior é igual ou maior que o inferior ($\overline{\lambda} \geq \underline{\lambda}$) desde que para cada $e_1 \in E_1$ e $e_2 \in E_2$,

$$\underline{\Lambda}(e_1) = \inf_{\hat{e}_2 \in E_2} u_1\left(e_1, \hat{e}_2\right) \leq u_1(e_1, e_2) \leq \sup_{\hat{e}_1 \in E_1} u_1(\hat{e}_1, e_2) = \overline{\Lambda}(e_2).$$

Assim, pode-se dizer que um jogo de soma zero com dois jogadores J = (E_1, E_2, u_1) é estritamente determinado se seu menor valor coincide com seu maior valor, ou seja, $V := \overline{\lambda} = \underline{\lambda}$ é o valor do jogo. Nesse caso, pouco importa a estratégia adotada, pois o resultado será o mesmo.[12]

Nesse sentido, a estratégia $e_1 \in E_1$ é ótima para o jogador 1 se $V = \overline{\Lambda}(e_2)$, e, por sua vez, a estratégia $e_2 \in E_2$ é ótima para o jogador 2 se $V = \underline{\Lambda}(e_1)$. Na presença dessas possibilidades de estratégias ótimas, o valor do jogo será o resultado que o jogador 1 pode garantir para si, ou o oposto (complemento) do resultado que o jogador 2 pode garantir para ele mesmo. Por outro lado, nos jogos em que não há valor, a situação não é estritamente determinada, e a alocação dos resultados não é tão clara e direta.

Um exemplo clássico é representado pela matriz, abaixo, de uma batalha ocorrida no Pacífico entre os japoneses e os aliados. O General Kenney tinha que decidir onde concentrar seus esforços, em que os resultados representam o número de dias de exposição a bombas (jogo de soma zero estritamente determinado):

---

[12] Pelo teorema do sanduíche, podemos afirmar que a função resultado é constante em todo o seu domínio.

Figura 12: Jogo da batalha do pacífico

		Japoneses	
		Rota Norte	Rota Sul
Aliados	Rota Norte	-2 , 2	-2 , 2
	Rota Sul	-1 , 1	-3 , 3

Fonte: Elaboração própria.

$\underline{\Lambda}(\text{Rota Norte}_{aliados}) = 2$ e $\underline{\Lambda}(\text{Rota Sul}_{aliados}) = 1$. Além disso, $\overline{\Lambda}(\text{Rota Norte}_{\text{japoneses}}) = 2$ e $\underline{\Lambda}(\text{Rota Sul}_{\text{japoneses}}) = 3$, então $\overline{\lambda} = 2$. Desse modo, o valor deste jogo é 2, e a Rota Norte é a melhor estratégia para ambos os jogadores, sendo um equilíbrio de Nash, como vimos anteriormente.

Como Davis (1997, p. 14) analisa a situação:

> A princípio, parece que os aliados têm um problema: seria melhor para eles seguir o mesmo caminho dos japoneses, mas, quando tomam a decisão, não sabem qual será a rota. Mas o problema é resolvido rapidamente quando você considera a visão japonesa. Para eles, a rota do Norte minimiza sua exposição, independentemente do que os aliados façam, portanto, sua ação é clara. Depois de resolver isso, a decisão dos Aliados também fica clara: Rota Norte.

Podemos usar o mesmo raciocínio quando se tratar de uma fábrica com duas plantas industriais, com irregularidades tributárias, e o fisco só tem possibilidade de fiscalizar uma delas, podendo o contribuinte mover a irregularidade entre as duas.

2.3.9.2 Jogos cooperativos x não cooperativos

Contrariamente ao que comumente se pensa, a distinção entre jogos cooperativos e não cooperativos não se relaciona à presença ou ausência de conflito. Um jogo cooperativo é aquele em que os jogadores podem fazer acordos que serão obrigatoriamente executados, enquanto em um jogo não cooperativo isso não ocorre (Osborne, 2004).

Segundo John Nash (1957, p. 3),[13] um jogo é chamado de cooperativo se há compromissos vinculantes e exequíveis. A *contrario sensu*, são não cooperativos quando não há compromisso (ou credibilidade do cumprimento – *enforcement*), ainda que haja comunicação prévia ao jogo.

Precisamos ter em mente que as pessoas que, por alguma razão, não conseguem cooperar para benefício mútuo não são necessariamente tolas ou irracionais, elas podem estar agindo perfeitamente de modo racional.

Há uma crença que jogos de soma zero são necessariamente não cooperativos, mas não é verdade. É possível haver cooperação entre alguns ou todos os jogadores. Um claro exemplo disso pode ser em uma discussão processual (que, em teoria, a perda de uma das partes será igual ao ganho da outra parte, desconsiderando os custos de transação), em que é possível as partes transigirem e chegarem a um acordo (cooperação). Para tanto, todavia, é necessário haver essa válvula de escape em que o conflito possa convergir para acordo, desde que haja incentivos para tanto.

No outro extremo, existem jogos que são completamente cooperativos, em que os jogadores só possuem interesse comum, como um piloto de avião e o operador da torre.

---

13 Bargain Problem.

2.3.10 *Design* de mecanismos (ou teoria dos jogos reversa)

O Antigo Testamento[14] traz uma lição em que o rei Davi não tinha como saber qual, entre duas mães, estava mentindo. Iluminado pela sabedoria divina, ele criou um mecanismo para revelar qual das duas demandantes falava a verdade. Esse é o primeiro registro do uso de *design* de mecanismo para solucionar um problema prático.

Outro exemplo fantástico veio não de um matemático, economista ou cientista social, mas de um *rockstar*, David Lee Roth, então vocalista e *front man* de uma das maiores bandas de *rock* americana de todos os tempos, Van Halen. Nos anos 1980, Roth passou a incluir uma cláusula nos contratos para *shows* da banda. Desnecessário apontar que contratos dessa natureza, para bandas daquele porte, previam toda a sorte de equipamentos, geradores de potência, tamanho de palco e tudo o mais necessário para que o grupo pudesse ter a infraestrutura necessária para cumprir a sua contrapartida contratual, qual seja, a sua *performance* no *show*. A cláusula, por sua vez, era bastante peculiar: exigia que nos potes de chocolates M&Ms colocados nos camarins da banda, fossem retirados todos os de cor marrom, sobrando os amarelos, vermelhos, laranjas, verdes e azuis. Se a banda entrasse

---

14 1 Reis 3:16-28: "16 Então, vieram duas mulheres prostitutas ao rei e se puseram perante ele. 17 E disse-lhe uma das mulheres: Ah! Senhor meu, eu e esta mulher moramos numa casa; e tive um filho, morando com ela naquela casa. 18 E sucedeu que, ao terceiro dia depois do meu parto, também esta mulher teve um filho; estávamos juntas, estranho nenhum estava conosco na casa, senão nós ambas naquela casa. 19 E de noite morreu o filho desta mulher, porquanto se deitara sobre ele. 20 E levantou-se à meia-noite, e me tirou a meu filho do meu lado, dormindo a tua serva, e o deitou no seu seio, e a seu filho morto deitou no meu seio. 21 E, levantando-me eu pela manhã, para dar de mamar a meu filho, eis que estava morto; mas, atentando pela manhã para ele, eis que não era o filho que eu havia tido. 22 Então, disse a outra mulher: Não, mas o vivo é meu filho, e teu filho, o morto. Porém esta disse: Não, por certo, o morto é teu filho, e meu filho, o vivo. Assim falaram perante o rei. 23 Então, disse o rei: Esta diz: Este que vive é meu filho, e teu filho, o morto; e esta outra diz: Não, por certo; o morto é teu filho, e meu filho, o vivo. 24 Disse mais o rei: Trazei-me uma espada. E trouxeram uma espada diante do rei. 25 E disse o rei: Dividi em duas partes o menino vivo: e daí metade a uma e metade a outra. 26 Mas a mulher cujo filho era o vivo falou ao rei (porque o seu coração se lhe enterneceu por seu filho) e disse: Ah! Senhor meu, dai-lhe o menino vivo e por modo nenhum o mateis. Porém a outra dizia: Nem teu nem meu seja; dividi-o antes. 27 Então, respondeu o rei e disse: Daí a esta o menino vivo e de maneira nenhuma o mateis, porque esta é sua mãe. 28 E todo o Israel ouviu a sentença que dera o rei e temeu ao rei, porque viram que havia nele a sabedoria de Deus, para fazer justiça". (Bíblia, 1 RE, 3, 16-28)

no camarim e visse os chocolatinhos marrons nos potes, cancelaria o *show*.

Alguns logo pensaram: trata-se de verdadeiras "*prima donas*", roqueiros mimados cujo sucesso subiu à cabeça e passaram a fazer exigências absurdas e irracionais. Muito pelo contrário, bastante racionais e eficientes. Anos mais tarde, em uma entrevista, Roth contou o porquê da cláusula. Como as demais cláusulas, especialmente as que demandavam a infraestrutura técnica necessária para os *shows* eram frequentemente descumpridas ou ignoradas, forçando a banda a realizar *performances* aquém do seu padrão, decepcionando inclusive os seus fãs, essa cláusula do M&M foi colocada como um marco identificador, uma forma de *screening* em relação aos contratantes. Se os chocolatinhos marrons tivessem sido devidamente removidos, isso indicaria que os contratantes haviam de fato lido devidamente o contrato, e muito provavelmente as outras cláusulas, as realmente importantes, seriam cumpridas.[15] Eis o *design* de mecanismo!

Figura 13: Seleção de cores do M&M

Fonte: https://www.linkedin.com/pulse/what-business-leaders-can-learn-from-van-halen-brown-m-wellington/.

[15] Esse exemplo está contado no livro *Super Freakonomics*, de Stephen J. Dubner e Steven Levitt.

O *design* de mecanismos é também conhecido como teoria dos jogos reversa. O planejador age como um engenheiro institucional,[16] analisando o jogo antes de sua ocorrência, e cria mecanismos (desenhos institucionais) como forma de otimizar o resultado desejado. Esse *kit* de ferramentas é amplamente utilizado em economia e formulação de políticas, inclusive tributárias.

Olhando o *design* de mecanismo em ambientes algorítmicos, percebe-se que ele se tornou uma ferramenta para produzir maior transparência de informação, distribuindo custos sociais de forma a beneficiar os projetistas e controlando e coordenando os participantes em plataformas multifacetadas. Como veremos adiante, isso vale para o Estado enquanto projetista de mecanismos.

Essa área de teoria dos jogos afetou todas as áreas das políticas públicas, incluindo as tributárias. Suas implicações encontram-se em dois níveis: a) diz-nos quando os mercados (ou instituições baseadas no mercado) têm probabilidade de produzir resultados desejáveis; e b) quando outras instituições serão melhores em atingir os objetivos desejados e como projetar essas instituições alternativas.

2.4 Jogos clássicos

Na teoria dos jogos, são estudados alguns jogos em abstrato, pois são situações que podem se referir a uma série de comportamentos sociais similares. É o que se chama de "jogos clássicos". A grande vantagem desses jogos é que já foram analisadas muitas soluções e variantes, facilitando a compreensão do leitor e as deduções feitas pelo pesquisador.

Podem ser usados para explicar e avaliar conflitos passados, negociações e resultados. Assim, deve-se aproveitar os modelos clássicos quando for possível e, nos demais casos, será construído um jogo próprio, que ficará limitado nas conclusões.

Os teóricos dos jogos já estudaram algumas circunstâncias gerais que se adaptam a várias outras realidades em diferentes áreas. Com esses estudos, é possível avançar nas análises dos cenários

---

16 Instituições, na ideia de Douglas North e da Nova Economia Institucional, significam regras do jogo.

partindo das informações já consolidadas. Apesar de existirem vários jogos clássicos, como o jogo do covarde/galinha, batalha dos sexos, cervo ou coelho, pombo e falcão etc., vamos estudar os jogos clássicos no capítulo seguinte, fazendo uma descrição geral e partindo para uma aplicação ao Direito Tributário.

CAPÍTULO 3

JOGOS CLÁSSICOS E SUA APLICAÇÃO AO DIREITO TRIBUTÁRIO

3.1 Dilema do prisioneiro

Um dos modelos de jogos mais discutidos é o famoso caso do Dilema do prisioneiro (Osborne, 2004). Esse jogo clássico descreve uma situação em que dois agentes, suspeitos de roubo, são presos. No entanto, os policiais não têm provas suficientes para condená-los por esse crime apenas pela posse de bens roubados. Caso nenhum dos criminosos confesse (eles cooperam uns com os outros), ambos serão acusados pelo crime da menor pena. A polícia irá interrogá-los em salas de interrogatório separadas, o que significa que os dois prisioneiros não podem se comunicar (portanto, não podem cooperar); porém, os jogadores sabem os *pay offs* do jogo (informação completa). A polícia tentará convencer cada prisioneiro a confessar o crime, oferecendo-lhes uma redução da pena – até o perdão –, enquanto o outro prisioneiro será processado pelo crime mais grave. Se ambos os prisioneiros confessarem, os dois serão julgados por roubo (crime mais grave) com pequena redução da pena.

Ambos os prisioneiros recebem a mesma proposta e conhecem as consequências de cada ação (informações completas) e estão completamente conscientes de que ao outro prisioneiro foi oferecido exatamente o mesmo. É um jogo de soma diferente de zero em que a cooperação conduz ao melhor resultado para ambos os jogadores, mas a ausência de instrumentos que garantam o cumprimento leva a uma situação pior para ambos.

Eis a representação matricial do jogo:

Figura 14: Representação normal do dilema do prisioneiro

		Beatriz	
		confessa	**nega**
Antônio	**confessa**	**5, 5**	**0, 10**
	nega	**10,0**	**1, 1**

Fonte: Elaboração própria.

Pelo crime menor (posse dos bens roubados), a pena é menor (um ano de cadeia) do que os policiais desejam, pois têm convicção que Antônio e Beatriz cometeram conjuntamente o crime de roubo. A Antônio e Beatriz são ofertadas as seguintes alternativas, de forma individual, em celas separadas: se Antônio confessar o crime e Beatriz negar, aquele será beneficiado com perdão, saindo livre, sendo que Beatriz ficará 10 anos presa. O mesmo é oferecido a Beatriz. Se ambos confessarem, no entanto, serão apenas 5 anos de cadeia. Se nenhum confessar, restará a condenação pelo crime menor, e ambos passarão 1 ano na prisão. Qual das alternativas é a mais racional, ou a melhor para eles?

Aí é que está. O dilema nos demonstra – de certa forma contradizendo a mão invisível de Adam Smith – que nem sempre a escolha racional individual conduz ao melhor resultado para o grupo.

No Dilema, Antônio e Beatriz não podem se comunicar, logo, não podem cooperar. Ambos não nutrem total e irrestrita confiança mútua e temem que, ao se negarem a confessar (o que levaria ao melhor resultado coletivo, 1 ano de cadeia), o outro o traia e o leve ao pior resultado (10 anos de cadeia). O medo de traição e a desconfiança é recíproco. Logo, a única alternativa racional do ponto de vista individual é confessar (estratégia dominante), sendo o resultado então pior para ambos (5 anos de cadeia) do que se tivessem ficado silentes (1 ano de cadeia). Esse é o equilíbrio de Nash neste jogo.

Outro exemplo é um novo relacionamento romântico. Seja qual for a cultura, um ponto comum em um novo relacionamento amoroso é a iniciativa do parceiro em revelar os sentimentos, proferindo a frase "eu te amo", algo sempre considerado arriscado, pelo medo de não haver reciprocidade.

A situação cria um dilema, como se pode ver na matriz abaixo, em que ambos estão apaixonados, mas têm dúvida sobre a reciprocidade do outro:

Tabela 1: Dilema do prisioneiro para os apaixonados

	Parceiro(a) diz "eu te amo"	**Parceiro fica silente**
Você diz "eu te amo"	Êxtase romântico	Você se sente rejeitado(a)
Você fica silente	Parceiro(a) se sente rejeitado(a)	Dignidade de ambos se mantém

Fonte: Elaboração própria.

Novamente, a estratégia dominante é ficar silente, por desconhecimento ou dúvida sobre a reciprocidade do outro, e o equilíbrio de Nash ocorre quando ambos ficam silentes sobre os seus sentimentos. Se ambos fossem sinceros, o resultado coletivo seria superior, porém o receio da rejeição leva à escolha pelo silêncio.

O ponto mais importante aqui é que a teoria dos jogos não recomenda a melhor opção, mas demonstra a escolha individual mais lógica ou racional (consoante o postulado da maximização do bem-estar), dados o cenário e as recompensas envolvidas.

Outro aspecto importante a perceber é que os jogos, como o dilema do prisioneiro ou o caça ao cervo, podem tanto ser encontrados na realidade (análise positiva), como serem prescritos para obter algum resultado (análise normativa). Por exemplo, a guerra fiscal existente no país ou as dificuldades para implementação de reformas que envolvam pacto federativo são típicos dilemas do prisioneiro encontrados em nossa sociedade. Por outro lado, a Lei nº 13.850/13, que regula a chamada "delação premiada", é a mais perfeita aplicação prática do dilema do prisioneiro na vida real. Ou seja, ao estabelecer *pay offs*, como redução de pena ou afins, para os delatores dentro de um processo de investigação criminal, cria-se incentivos para que uns delatem os outros até se chegar ao topo de uma organização criminosa. Foi exatamente o que ocorreu na chamada "operação lava jato", iniciada em 2014 e encerrada em 2021, uma imensa força-tarefa entre Polícia Federal e Ministério Público com o fim de desbaratar crimes de corrupção ativa e passiva envolvendo a Petrobras. A aplicação do dilema do prisioneiro, via acordos de colaboração (delação) dos indiciados e réus, alcançou notável sucesso, atingindo os mais altos escalões públicos e privados.

3.1.1 Dilema dos prisioneiros e o cavaleiro das trevas

No filme de Christopher Nolan, *Batman, o Cavaleiro das Trevas* (2008), o vilão Coringa submete a população de Gotham City a um perigoso dilema do prisioneiro.

Por medo dos atentados terroristas do Coringa, a população está evadindo a cidade em dois grandes *ferryboats*, sendo que em um deles há cidadãos comuns (que chamaremos de civis), e no outro, presidiários sendo escoltados por policiais. Em determinado momento, o Coringa informa aos tripulantes e passageiros que ambos os barcos contêm explosivos, dando a eles a alternativa de um barco explodir o outro, dentro de meia hora; do contrário, ele explodirá os dois. A cada barco é entregue um detonador que aciona os explosivos no outro barco, e vice-versa, sendo que o Coringa possui um dispositivo que explode ambos os barcos.

A estrutura de *pay offs* é um pouco diferente do dilema clássico, pois não há uma alternativa de cooperação para chegar a um resultado ótimo, visto que há uma terceira entidade no jogo, o Coringa, que provocará o pior resultado para todos, caso os jogadores (aqui entendidos como o conjunto de passageiros de cada barco) resolvam não acionar o detonador.

A intenção do Coringa é aplicar um experimento social com consequências trágicas, de modo a provar a sua hipótese de que todos agem de forma egoísta, sem empatia ou consideração pelo bem-estar do próximo. Note-se que, pela ótica puramente racional dos jogos, a hipótese faz todo o sentido. Além da mera escolha racional maximizadora (salvar a si próprios), também cabe notar que, do ponto de vista dos cidadãos comuns, o outro barco é composto de criminosos presidiários, o que pode afetar a consideração que teriam por eles, diferente, *p. ex.*, se o barco fosse composto por outros cidadãos comuns (não obstante haja policiais naquele barco). Do ponto de visto dos presidiários, pode-se considerar que a estratégia dominante seria detonar o barco dos cidadãos, uma vez que, por já estarem condenados e cumprindo pena (possivelmente por crimes graves), nada teriam a perder com isso.

Tabela 2: Dilema do Batman

	Barco 2 detona	Barco 2 coopera
Barco 1 detona	1,1	1, 0
Barco 1 coopera	0, 1	0, 0

Fonte: Elaboração própria.

Nesse dilema, como se pode ver na matriz acima, o equilíbrio de Nash é claro ao demonstrar a estratégia dominante de cada barco detonar o outro – antes que o outro o faça. Note também que não há *pay off* ótimo para a cooperação, como ocorre no dilema clássico, onde o resultado ótimo é impedido de ocorrer pela falta de comunicação entre os prisioneiros e pela consequente falta de confiança plena entre eles. No jogo, se ambos os barcos cooperarem (ou seja, nenhum acionar o detonador), o resultado será o pior para todos, pois o Coringa detonará os dois barcos.

Porém, há outros detalhes nesta interação: no barco dos prisioneiros, ainda que aparentemente haja um controle autoritário por parte dos guardas, percebe-se, no decorrer da cena, que a decisão é descentralizada, ou seja, qualquer um dos tripulantes (incluindo os presos) pode tomar a decisão de explodir ou não o outro barco.

No barco dos civis, por outro lado, é feita uma votação pelo critério de maioria simples, ganhando a alternativa de explodir o outro barco. Note-se que o custo de tomar a decisão mais drástica é diluído pelo critério de votação, considerando que é repartido por cada voto dado. Ainda assim, o ato de acionar o detonador precisa ser realizado por um dos civis, o que acarreta um custo moral. Uma situação que remete, de forma semelhante, ao dilema do vagão desgovernado, um clássico da filosofia moral.

Há normas sociais[17] e custo moral envolvidos neste cenário, portanto, que influenciam a tomada de decisão. O civil a quem for incumbido acionar o detonador o fará em prol do cumprimento do acordado entre os demais e decidido pela votação, ou o custo moral de ser o agente causador da morte de terceiros pesará mais do que cumprir o combinado? E quanto ao barco dos prisioneiros, onde não houve decisão por votação, qual agente (policial ou prisioneiro) arcará com o custo moral de explodir o barco de civis?

No final, os jogadores de ambos os barcos decidem, de forma independente, não escolher a estratégia dominante (detonar), refutando a hipótese do Coringa. Por sua vez, Batman impede-o de detonar ambos os barcos.

A cena serve para demonstrar que a teoria dos jogos é apenas um modelo de interação estratégica calcado na racionalidade instrumental, que tem capacidade de descrever situações da vida real, bem como prever (até certo ponto) desenlaces do comportamento intersubjetivo. Mas, assim como há situações em que o modelo da racionalidade instrumental não funciona (o que é bastante explorado pela Economia Comportamental), nem sempre os jogos são resolvidos pelas escolhas racionais previstas no modelo.

3.1.2 A tragédia dos comuns

O dilema também ocorre no uso dos chamados "bens comuns". Para que o leitor possa entender o exemplo, será necessário

---

[17] Por "normas sociais" nos referimos a um ramo de estudo da Análise Econômica do Direito denominado *social norms*, que lida com regras informais que influenciam as condutas dos agentes e são determinantes em diversos cenários, por vezes, mais do que as regras formais. Em determinados mercados, por exemplo, a reputação dos agentes envolvidos nas transações prescinde da formalização de contratos. Por outro lado, o descumprimento dos acordos informais firmados leva a sanções sociais, tão ou mais severas do que seriam as previstas em contratos ou nas leis. Dependendo a situação, a sanção pode ser o banimento do agente infrator, que não poderá mais operar naquele mercado específico. Ver *The Market for Diamonds*, de Lisa.

antes explicar como a Economia classifica os bens em públicos, privados, bens comuns e bens-clube – e o faz pelo seu *uso*.

Tabela 3: Matriz de classificação dos bens no sentido econômico

Uso	Excludente	Não excludente
Rival	Bens privados Copo de água, casa, roupa, comida, vagas de estacionamento	Bens comuns Estoque de peixes em lagos públicos, ar puro, água potável em fontes naturais, frutas em parques abertos ao público
Não rival	Bens "clube" Cinema, clubes privados, televisão a cabo	Bens públicos Segurança pública, *softwares* abertos, iluminação pública, televisão e rádios abertos

Fonte: Elaboração própria.

Os critérios de classificação se dão pelo uso do bem, rival/não rival, excludente/não excludente. Uso "rival" significa que o uso ou consumo de um bem é disputado, ou seja, o consumo dele por um esgota o bem para o consumo de outrem. Já o uso "não rival" significa que várias pessoas podem usar e consumir o bem sem que ele se esgote (Osborne, 2004).

O uso excludente significa que é possível barrar as pessoas de usarem aquele bem, seja simplesmente proibindo, seja cobrando pelo uso. O uso não excludente, por seu turno, significa que não há como evitar que as pessoas usem ou consumam aquele bem, seja porque não há restrições jurídicas, seja porque o acesso ao alcance daquele bem é desimpedido.

As combinatórias desses usos geram a classificação dos bens em privados, comuns, "clube" e públicos. Cumpre dizer que essas classificações não são estanques, e há diversos exemplos de bens semipúblicos, ou públicos puros etc. Aqui, vamos nos ater a uma explicação e exemplificação breve e simples, para fins ilustrativos e para poder relacioná-los com a teoria dos jogos, especialmente o dilema do prisioneiro. Vamos a eles:

1) Bem privado: é aquele de uso rival e excludente, *i.e.*, o uso e consumo do bem por um impede o uso e consumo por outro, e é

> possível, pela propriedade e/ou pela posse, impedir o uso de terceiros. Por exemplo, se eu bebo a água do meu copo, ninguém mais poderá beber a mesma água, assim como ninguém mais poderá usar a mesma vaga de estacionamento que estou ocupando;
> 2) Bem comum: é aquele de uso rival e não excludente, *i.e.*, o uso e consumo por um rivaliza o uso e consumo por outros, pois o bem é escasso e pode se esgotar, uma vez que, por ser de uso não excludente, não se pode impedir que qualquer pessoa o consuma. Exemplo são os peixes em um lago ou rio onde não há restrição ao acesso, e todos podem ir lá pescar;
> 3) Bem "clube": é aquele de uso não rival e excludente. O uso por alguém não consome e esgota o uso, que poderá ser feito por terceiros. Porém, é possível excluir estes terceiros de seu uso – ou cobrar por ele. Exemplo é a televisão por assinatura.
> 4) Bem público: é aquele de uso não rival e não excludente. Assim como o uso por alguém não consome o uso para terceiros, também não se pode impedir que estes usem do bem. Exemplo é a segurança pública, ou a transmissão de televisão ou rádio abertos. Os bens públicos são também considerados "falhas de mercado", uma vez que usualmente os agentes privados não possuem incentivos para ofertá-los de acordo com a demanda (pois, como não se pode impedir o uso, não se pode cobrar por ele), requerendo eventualmente que o Estado o faça. No caso da televisão ou do rádio abertos, p. ex., as emissoras obtêm sua receita não dos seus espectadores, mas da publicidade paga por anunciantes e veiculada, então, em seus canais de rádio e televisão.

Requer especial atenção o bem "comum", pois há uma série de incentivos no seu uso que pode torná-lo um dilema do prisioneiro. O exemplo da pesca no lago é ilustrativo e é derivado das ideias contidas no clássico artigo de Garret Hardin, *The Tragedy of the Commons*, 1968, em que o uso indiscriminado de um bem escasso (a quantidade de peixes é limitada) eventualmente irá esgotá-lo.

O dilema do prisioneiro se dá pelo oportunismo. O pescador não tem incentivos para ser comedido em sua pesca, pois não sabe ou não confia que os outros pescadores irão fazê-lo. Da mesma forma, os outros não o conhecem ou não nutrem confiança por ele. Logo, o equilíbrio de Nash indica que todos pescarão o máximo de peixe que puderem, por receio que os demais o façam, e não sobre nada para cada um deles. O resultado é que essa escolha fará com que fatalmente o estoque de peixes se esgote, o que é prejudicial para todos. Houve aqui também uma externalidade negativa, considerando que os pescadores que pescaram peixes obtiveram apenas benefício, porém jogando o custo para a sociedade (esgotamento do recurso natural).

Uma forma de resolver esse problema e desincentivar o oportunismo é forçar a internalização dos custos, seja cobrando pelo uso ou mesmo impedindo-o via direitos de propriedade.[18]

No Direito, temos inúmeros exemplos, como o esgotamento do Judiciário, típico bem-comum. É uso rival, pois o tempo, os juízes, funcionários cartorários etc. são escassos e consumíveis, porém o acesso é livre. Não admira que os processos no Brasil levem tanto tempo para o seu desenlace. O mesmo ocorre com o processo tributário.

3.1.3 Dilema do prisioneiro e tributação

Em síntese ao que foi dito linhas acima, o dilema do prisioneiro é um jogo em que as estratégias dominantes de ambos os jogadores conduzem a um resultado subótimo para os dois, porém totalmente consistente com os axiomas racionais da maximização individual do bem-estar (Osborne, 2004).

Para o Direito Tributário, podemos imaginar que temos 2 jogadores (Estado A e Estado B), cada um deles com duas estratégias: manter ou reduzir a carga tributária. O resultado, devido à mobilidade das empresas, pode ser visto na matriz abaixo, mas para generalizar e formalizar o raciocínio, podemos descrever o jogo da seguinte forma:

---

18 Exemplo mais comezinho, mas nem por isso menos ilustrativo, da tragédia dos comuns ocorre quando um grupo vai a um bar ou restaurante com a intenção de "rachar" a conta. Inicialmente, as pessoas podem estar premidas a serem comedidas em seus pedidos de comida e bebida, até que um indivíduo pede um drinque ou prato muito mais caro que a média. Como a conta será dividida igualmente, o resto do grupo pode ficar incomodado em ter que pagar pelo excesso daquele sujeito e, igualmente, começar a pedir itens caros, pois acha que assim ao menos não estará apenas pagando pelos luxos do colega, mas usufruindo também. Obviamente, o resultado é ruim, pois a conta acaba ficando mais cara para todos em comparação ao que ficaria se apenas o primeiro extravagante tivesse consumido o drinque mais caro, e o restante tivesse sido comedido, como era a intenção inicial. Você, leitor, nunca passou por essa experiência?

Jogadores: Dois Estados i = {1,2}
Estratégias possíveis: O conjunto {Baixar, Manter} para todos os jogadores
Preferências: para o jogador 1 = u_1(Baixar, Manter) > u_1 (Manter, Manter) > u_1 (Baixar, Baixar) > u_1 (Manter, Baixar)
Para o jogador 2 = u_2(Baixar, Manter) > u_2 (Manter, Manter) > u_2 (Baixar, Baixar) > u_2 (Manter, Baixar)

Figura 15: Jogo da guerra fiscal – Dilema do prisioneiro

Estado 2 \ Estado 1	Manter	Baixar
Manter	5, 7	7, 4
Baixar	3, 9	4, 6

Fonte: Elaboração própria.

Ou seja, para melhor explicar a matriz do jogo, se o Estado 1 decidir baixar a carga tributária e o Estado 2 mantiver, 1 seria beneficiado com mais empresas em detrimento da saída das firmas do outro estado, a recíproca é verdadeira.

Desse modo, assim como ocorre no dilema tradicional de um prisioneiro, os resultados possíveis implicam que baixar-baixar é um equilíbrio de Nash (solução de um jogo não cooperativo em que nenhum jogador melhora sozinho sua situação, com o outro mantendo a estratégia). Apesar de o melhor resultado para ambos os Estados ser a manutenção da carga tributária, essa situação não é um equilíbrio de Nash, pois ambos têm estímulos para mudar sua estratégia, por não saber o que o outro jogador fará. Assim, o equilíbrio seria os dois estados entrarem em uma guerra fiscal com a redução da carga tributária. Para reduzir a probabilidade dessa ocorrência, o direito brasileiro criou o Conselho Nacional de Política Fazendária (Confaz) para limitar esses embates.

Ao contrário de muitos jogos, no dilema do prisioneiro a solução de equilíbrio não é a solução ótima para todos os jogadores, pois se ambos escolhessem manter a carga tributária, o resultado lhes seria melhor. No entanto, ambos os jogadores seriam beneficiados escolhendo baixar em detrimento do outro. Portanto, a solução de equilíbrio é, para ambos os jogadores, a guerra fiscal. O melhor resultado para os jogadores não ocorre porque não há possibilidade de forçar o cumprimento de eventual acordo, salvo se incorporarmos ao modelo a possibilidade de contratos ou de um terceiro (como o Confaz).

A importância desse jogo é decorrente de poder ser aplicado a várias outras relações sociais similares em que a cooperação levaria a um melhor resultado para todos os jogadores, mas estes têm estímulos para "desviar" sua estratégia para não cooperar.

Em um jogo dinâmico, os governos podem adotar estratégias condicionais, como uma estratégia do tipo "olho por olho" (*tit-for-tat*), em que cada governo oferece incentivos fiscais se, e somente se, o outro governo também oferecer incentivos fiscais no período anterior. Essa estratégia pode levar à cooperação mútua e à redução da guerra fiscal.

Outra abordagem é considerar a possibilidade de negociação e coordenação entre os governos. Por exemplo, os governos podem concordar em limitar ou eliminar incentivos fiscais estabelecendo regras e normas que restrinjam a competição fiscal e incentivem a cooperação, como ocorre com o Confaz.

Analisar a guerra fiscal como um jogo permite aos formuladores de políticas compreender melhor as motivações e os incentivos dos governos envolvidos, bem como identificar estratégias e mecanismos que possam levar a resultados mais cooperativos e eficientes.

Como falamos acima, esse jogo é considerado clássico, porque existem muitas situações cotidianas que podem ser expressas através dele. Por exemplo: um trabalho em grupo na faculdade, com notas para todo o grupo, em que a melhor situação seria todos estudarem arduamente, mas todos teriam estímulo para desviar (e não estudar), confiando nos outros colegas, sendo este o equilíbrio do jogo.

As várias situações modeladas através desse jogo têm equilíbrio com não cooperação. Entretanto, na realidade, é possível que os jogadores cooperem motivados por outros elementos, como reputação ou por motivação moral (que não foram incluídos no modelo, para simplificação).

Apesar de termos, no ordenamento jurídico brasileiro, o Confaz para estabelecer limites mínimos para as alíquotas dos tributos locais, ainda existem benefícios fiscais com isenção parcial e doação (concessão de bens públicos) que podem configurar verdadeiros dilemas do prisioneiro, em que os Estados fazem de tudo para atrair empresas e distorcem a neutralidade tributária, além de ser uma corrida para o fundo (*race to the bottom*).

É possível, segundo Aumann (2000), haver estímulos à cooperação através de pagamentos laterais (*side payment*) que recompensa as partes por adotar a estratégia de cooperar. Possível também resolver com instituições contratuais, ou com a presença de um líder, ou com reputação em jogos repetitivos.

Expandido para *n* jogadores (muitos jogadores), uma das principais conclusões da literatura revisada por Keen e Konrad (2013) é que a concorrência tributária internacional desencadeará uma "corrida para o fundo". Em outras palavras, o equilíbrio de Nash do jogo padrão da competição tributária seria caracterizado por taxas tributárias muito baixas e, consequentemente, uma sub-provisão de bens públicos em relação ao ótimo social.

A "corrida para o fundo" (ou "para o topo") pode ser vista como resultado de duas propriedades do jogo de competição tributária: uma externalidade de impostos e a complementaridade estratégica de alíquotas. A primeira propriedade significa que qualquer redução (aumento) na taxa de imposto de um país reduz (melhora) o pagamento dos outros países. A segunda propriedade caracteriza a semelhança da reação dos países a qualquer alteração na alíquota de um deles: uma diminuição em um país induziria uma resposta semelhante do outro. Por outro lado, na presença de repercussões negativas de impostos, qualquer redução na taxa de imposto de um país melhora a recompensa dos outros. A concorrência tributária teria um impacto positivo na arrecadação dos países.

Do lado empírico, um número significativo de trabalhos (Devereux; Loretz, 2013 e outros) enfoca a existência de concorrência tributária estabelecendo a existência de inclinação positiva da função de reação tributária (a corrida para o fundo, tendo como equilíbrio uma convergência para níveis extremamente baixos). O grau de repercussão de impostos foi investigado no estudo do Fundo Monetário Internacional (FMI, 2014), que estabeleceu esse mesmo efeito com base nos dados em painel de imposto de renda corporativo para 103 países no período 1980-2013.

Um jogo desse tipo acima, com n jogadores, somente pode ser apresentado na forma analítica, com linguagem matemática. Vamos ao modelo (Se você não aprecia demonstração matemática, pode avançar para o item seguinte, sem prejuízo da compreensão).

3.2 Caça ao cervo

A caça ao cervo (*stag hunt*) é uma história que se tornou um jogo, sendo um protótipo lógico do contrato social. No livro *Discurso sobre a origem e os fundamentos das desigualdades entre os homens* (1755), Jean-Jacques Rousseau descreve uma situação em que dois indivíduos saem em uma caçada, e cada um deles pode escolher individualmente caçar um cervo ou caçar uma lebre. Se um dos caçadores escolhe caçar um cervo, para atingir seu objetivo, ele precisa da cooperação do outro para ter sucesso. Por outro lado, ele pode abater uma lebre sozinho, mas essa presa tem menos carne que o corço (Osborne, 2004).

Os elementos do jogo são:

Jogadores: Dois caçadores i = {1,2}
Estratégias possíveis: O conjunto {Cervo, Lebre} para todos os jogadores.
Preferências: para o jogador 1 = u_1(Cervo, Cervo) > u_1(Lebre, Cervo) = u_1(Lebre, Lebre) > u_1(Cervo, Lebre);
Para o jogador 2 = u_2(Cervo, Cervo) > u_2(Lebre, Cervo) = u_2(Lebre, Lebre) > u_2(Cervo, Lebre).

Figura 16: Jogo da caça ao cervo

Jogador 2 \ Jogador 1	Cervo	Lebre
Cervo	5, 5	2 , 0
Lebre	2, 0	2, 2

Fonte: Elaboração própria.

Esse jogo de "caça ao cervo" difere um pouco do dilema do prisioneiro, pois existem dois equilíbrios de Nash de estratégia pura – quando os caçadores cooperam e caçam o cervo e quando ambos escolhem não cooperar e buscar a lebre –, contudo, no outro jogo só há um único equilíbrio, que são as estratégias não cooperativas.

Desde seu nascimento, esse jogo é supostamente afeito ao direito tributário, pois é uma analogia para as pessoas se unirem e pagarem tributos, para que um "ente público" possa ofertar bens públicos (no sentido econômico) para a sociedade. Porém, não é assim que ocorre, conforme veremos a seguir.

3.2.1 Caça ao cervo, contrato social, dilema do prisioneiro e a tributação

Rousseau, como todos sabemos, era um dos contratualistas clássicos, assim como John Locke e Thomas Hobbes. O jogo "caça ao cervo" foi trazido, enquanto parábola, por ele, mas a interação em si pode ser encontrada em outros pensadores, como o filósofo David Hume, como nos adverte Brian Skyrms (2004) quando diz, no *Tratado da Natureza Humana*, que dois homens remando numa canoa o fazem por acordo ou convenção, sem precisarem prometer nada um ao outro.

Seja como for, o Caça ao Cervo é a visão da teoria dos jogos sobre o próprio contrato social. Quando indivíduos se unem em prol de um objetivo comum, e para isso abdicam de parte de sua liberdade, renunciando ao Estado da Natureza (como diria Hobbes), aceitando viver sob regras, estamos diante de um contrato social. Em termos de filosofia política, dizemos "contrato social" como uma ficção, diferente do documento que constitui uma pessoa jurídica, por exemplo, não obstante ambos contenham regras. Ocorre que o contrato social político não é efetivamente assinado por nenhum membro daquela coletividade, mas se pressupõe que este aceite suas regras no momento em que vive em sociedade e interage com os demais.

Assim, percebemos o contrato social existindo desde grupos pequenos, comunidades regionais até nações, sendo que diversos elementos contribuem para esse senso de identidade comum: cultura, tradições, idioma, história etc.

Quando o grupo social se torna complexo o suficiente para necessitar de instituições formais e organizações que deem aplicabilidade (*enforcement*) a elas, na célebre definição de Douglas North, emerge a figura do Estado, aquela autoridade central que retira parte da liberdade e autonomia de todos com a promessa de proteger a todos em troca.

Sabe-se, todavia, que esse contrato social, que, como já visto, é um jogo de Caça ao Cervo (no qual o *pay off* mais alto é a cooperação entre os indivíduos de modo a obterem o melhor resultado, que aqui pode ser lido como paz e segurança), porém ele demanda recursos para existir e funcionar.

Invariavelmente, e desde sempre, esses recursos são obtidos pela tributação. Desde as civilizações antigas até as contemporâneas, a transferência de parcela da liberdade individual para a autoridade central, fenômeno que é a própria definição de contrato social, opera também pela transferência de recursos privados para o Estado via tributos. A tributação é tão imbricada com o pacto social a ponto de o grande Justice Oliver Wendell Holmes Jr. ter dito que *"taxes are what we pay for a civilized society"*.

Todavia, existe um paradoxo aqui. Se a civilização se dá por meio do contrato social, e este é modelável pelo Caça ao Cervo, o mesmo não ocorre com a tributação. Percebe-se que não importa com qual sistema tributário em particular estejamos lidando, os contribuintes, em maior ou menor grau, tendem a evitar o seu cumprimento sempre que possível. Quanto pior o sistema, em termos de carga tributária elevada e complexidade (maiores custos de conformidade), mais incentivos para desertar e, se possível, pegar carona no contribuinte cumpridor. Isso ocorre tanto de forma lícita, com o planejamento tributário, quanto de forma ilícita, com a sonegação fiscal. Em determinadas situações, quando o sistema se torna inviável, a deserção pode ser inclusive física, com o envio de capitais para outras jurisdições, ou realocação física dos próprios contribuintes em outros países com tributação mais amena, passando ser residentes neles.

Nesse sentido, *a tributação é uma forma de dilema do prisioneiro.*

Quando o contribuinte percebe a tributação como relação em que o custo ultrapassa o benefício, tem incentivos para dela desertar, e isso em qualquer nível de renda que tenha. Porém, tampouco usualmente quer renunciar aos bens públicos que o contrato social fornece, tais como segurança, infraestrutura e afins, o que gera incentivos perversos, como o oportunismo, *i.e.*, deslocar a carga tributária para outros contribuintes. Por ser um dilema do prisioneiro, a recíproca é verdadeira. Isso é verificável em países com altos graus de informalidade na economia, o que significa dizer, onde considerável parcela dos cidadãos opera à margem das regras formais, o que tem por consequência não pagarem tributos.

Não é diferente em países ricos. Em diversas ocasiões, quando se implementou o imposto sobre grandes fortunas, houve deserção justamente dos contribuintes que seriam atingidos por essa exação, tendo então o imposto sido abandonado pela maioria dos países europeus.[19] Ora, se a informalidade é a tônica em países em desenvolvimento, em países desenvolvidos tributação sobre faixas maiores de renda incentiva que os mais ricos aloquem parte de seus recursos na contratação de advogados e auditores para planejamento tributário, evitando essa tributação, visto que relação custo-benefício indica que é mais barato recorrer à elisão tributária do que arcar com o tributo.

Em termos de alocação de recursos, isso não é eficiente. Custos financeiros e de oportunidade são altos e poderiam ser alocados em atividades produtivas. A empresa que precisa despender altas somas com profissionais para cumprimento de tributos e eventual forma

---

19 Disponível em: https://www1.folha.uol.com.br/mercado/2021/01/maioria-dos-europeus-abandonou-tributo-sobre-fortuna.shtml. Acesso em: 26 fev. 2024.

de evitá-los poderia alocar esses recursos na sua atividade-fim, gerando maior excedente social, o que acabaria revertendo para toda a sociedade, na forma de circulação de bens e serviços, empregos e – inclusive – tributos.

A Curva de Laffer, instrumento analítico criado pelo economista norte-americano Arthur Laffer, indica que há uma relação entre carga tributária e arrecadação.

Figura 17: Representação da Curva de Lafer

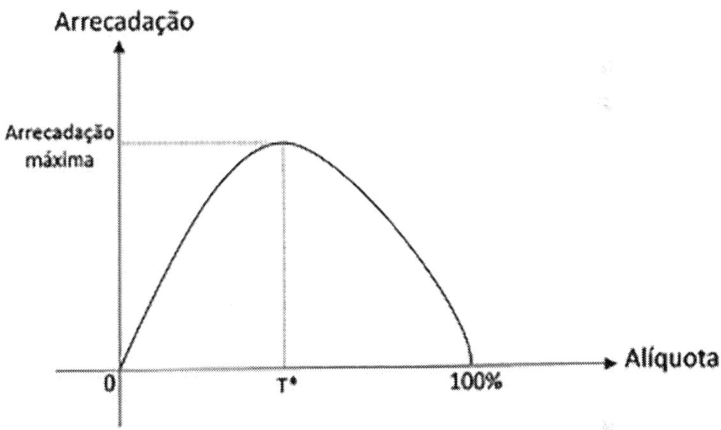

Fonte: Elaboração própria.

A curva indica que se a carga tributária se elevar acima de certo ponto, a arrecadação diminuirá. Isso ocorre porque os axiomas da racionalidade entram em cena, *i.e.*, a tributação passa a ser vista como custo proibitivo, e os incentivos para dela desertar vencem os incentivos para cumpri-la. A variável "alíquota" poderia ser substituída por complexidade tributária ou qualquer outra que indique custo para o contribuinte.

Existe alguma forma de superar o dilema do prisioneiro da tributação e torná-lo uma espécie de caça ao cervo? Entendemos que é possível, sim, se não o superar, ao menos minimizá-lo. E para isso, a figura do "tributo ótimo" é um dos mecanismos, ou seja, um sistema tributário simples, com poucos tributos, poucas regras, poucos custos de conformidade.[20]

A ideia aqui é tornar a tributação menos custosa aos olhos do contribuinte e, assim, diminuir os incentivos para evitá-la. É possível também pensar em incentivos para cumpri-la, ou para fiscalizar o seu cumprimento. O advento da "nota fiscal paulista",[21] sistema posteriormente copiado por outros Estados e municípios, foi inovador ao conceder retornos do ICMS arrecadado ao consumidor final que exigisse a nota fiscal na compra de bens e mercadorias registrando o seu CPF na solicitação. Outra forma é a vigilância recíproca, que ocorre, por exemplo, na tributação sobre a renda na Noruega.[22] Lá os registros fiscais são abertos, e qualquer um pode verificar quem cumpriu ou não com suas obrigações fiscais. Tal transparência incentiva o cumprimento, com imposição de uma norma social que pode, inclusive, afetar a reputação do contribuinte mal pagador.

3.3 Jogo do covarde (*chicken game*)

O nome deste jogo vem da "brincadeira" em que duas pessoas dirigem seus carros um de frente para o outro; o vencedor é aquele que não desviar para nenhum dos lados, mas se nenhum deles desviar, os carros batem e todos saem no prejuízo (Osborne, 2004).

No filme *Juventude Transviada* (*Rebel without a cause*), dois personagens (Jim e Plato) fazem uma aposta similar correndo para perto de um desfiladeiro, e o primeiro a pular do carro, ou pará-lo, é o perdedor. Esse exemplo é muito ilustrado nos livros de teoria dos jogos.

Uma forma mais sofisticada de *chicken game* é chamada de *Brinksmanship*, que ocorre quando duas potências militares sinalizam possíveis agressões a fim de obterem vantagens na negociação paralela sobre o conflito. A estratégia requer sinalização de ameaças críveis, *i.e*, que sejam lidas como autênticas pelo adversário, e não apenas blefes, além de requererem tomada de risco agressiva, pois como o próprio termo (*brink*) indica, a situação fica no limiar do conflito,

[20] Um de nós teve a oportunidade de escrever de forma mais extensa sobre esse tópico. Ver CARVALHO, Cristiano. *Teoria da decisão tributária*. São Paulo; Almedina, 2018.

[21] Lei nº 12.685, de 28 de agosto de 2007.

[22] Na Noruega, todos sabem quanto você declarou no imposto de renda – Daniel Scott.

podendo eventualmente escalar para ele, de forma similar quando os dois jogadores não desviam os carros e colidem.

O clássico exemplo, que vale trazer aqui, foi a crise dos mísseis cubanos, em 1962. O serviço de espionagem americano, ao efetuar corriqueiros voos de observação sobre Cuba, então já uma ditadura apoiada pela União Soviética, descobre uma base de mísseis nucleares (posteriormente se descobriu ser mais de uma) lá colocada pela superpotência principal antagonista dos EUA na Guerra Fria.

O conflito político iniciou, e os EUA bloquearam os mares em torno de Cuba. Os soviéticos, por seu turno, mandaram sua força naval para a região, onde já se encontrava a dos EUA. Um dos aviões de reconhecimento americano foi derrubado por míssil terra-ar lançado de Cuba, o que tornou o conflito bélico iminente. O então Presidente John Kennedy não recuou e seguiu com ameaças críveis de deflagrar conflito (inclusive invadido Cuba), caso a USSR não retirasse as bases, o que acabou ocorrendo 13 dias após o início da crise. O evento é considerado o mais tenso e o mais próximo de uma guerra nuclear entre o bloco ocidental e o bloco comunista, em toda a Guerra Fria, mas o que mais chama a atenção foi a estratégia de teoria dos jogos empregada justamente para evitar o pior cenário, eivada de alto risco, mas que se mostrou (felizmente) bem-sucedida. Não é exagero e nem hipérbole considerar que a teoria dos jogos salvou o mundo, e se o planeta ainda existe, e o leitor pode estar lendo isso, neste momento, devemos isso à teoria![23]

Voltando ao jogo do covarde: vale lembrar que a aversão ao risco é geralmente considerada como sendo uma característica das preferências (teoria das escolhas racionais) dos agentes, influenciando as escolhas das estratégias.

Este jogo tem dois equilíbrios de Nash – em um, A desvia, enquanto o B segue; no outro, B desvia, enquanto A segue. Pode-se perceber, também, que o equilíbrio de estratégia maximin é ambos desviarem. Em outras palavras, as partes altamente avessas ao risco podem chegar a este resultado, em vez de um dos equilíbrios de Nash.

---

[23] A obra paradigmática sobre conflitos e teoria dos jogos – inclusive a crise dos mísseis cubanos – é *The Strategy of Conflict*, do laureado pelo Nobel Thomas Scheling.

O modelo pode ser representado pela matriz abaixo:

Figura 18: Jogo do covarde

		Jogador 1	
		Desvia	Segue
Jogador 2	Desvia	0 , 0	1 , 0
	Segue	0 , 1	-1 , -1

Fonte: Elaboração própria.

Como nos casos de jogos com coordenação das estratégias, é possível chegar a um equilíbrio com redução mútua, sem quaisquer pagamentos laterais ou mudanças nas preferências.

Essa situação ocorre quando um contribuinte e um agente do Fisco ultrapassam a contenda legal e geram uma animosidade pessoal criando autos de infração e processos disciplinares indevidos. Entretanto, como se trata de um jogo iterativo, em geral o particular tende a desviar e ceder com maior frequência, seja devido ao corporativismo entre os servidores públicos (para pouco punir o servidor em questão), mas também pelo sistema de persecução administrativa que protege o Fisco.

Outra situação no contexto do direito tributário onde podemos aplicar o jogo do covarde a situações em que um contribuinte e um órgão fiscalizador têm posições opostas em relação à interpretação da lei tributária: ambas as partes podem estar convencidas de que têm razão em suas posições e estar dispostas a levar o caso para o tribunal para obter uma decisão final; no entanto, ir a julgamento pode ser caro e demorado, e as partes podem preferir evitar isso.

Nesse caso, podemos usar a teoria dos jogos para modelar o comportamento de ambas as partes e prever o resultado mais provável. Se ambas estiverem dispostas a correr riscos, elas podem continuar avançando em direção a uma colisão, ou seja, levar o caso para o tribunal. Isso pode levar a um resultado desfavorável para as partes, como uma decisão judicial que não resolve completamente o problema.

Por outro lado, se ambos desistirem de sua posição e concordarem com uma solução intermediária, pode haver uma solução de compromisso que evite a colisão, mas que também não resolva completamente o problema. Isso pode ser uma opção mais segura e econômica para ambas as partes, mas pode não ser a solução ideal para o problema tributário.

Uma terceira opção seria uma das partes desistir de sua posição e ceder às demandas da outra parte. Isso pode ser visto como um sinal de fraqueza, assim como o jogador que desvia no jogo da galinha é considerado covarde. No entanto, essa opção pode ser a única solução para evitar uma colisão e resolver completamente o problema tributário.

Esse jogo pode ser representado na forma normal. Suponha que um contribuinte (C) e um órgão fiscalizador (F) estejam em desacordo em relação à interpretação da lei tributária. Eles têm duas opções: processar (P) ou chegar a um acordo intermediário (A). Se ambos levarem o caso para o tribunal, pode haver uma decisão judicial desfavorável para ambas as partes. Se ambos chegarem a um acordo intermediário, pode haver uma solução de compromisso que não resolva completamente o problema tributário. Se apenas uma das partes desistir e ceder às demandas da outra parte, pode haver uma solução completa para o problema tributário, mas também pode haver uma perda de reputação.

A matriz de pagamento para esse jogo pode ser representada da seguinte forma:

Figura 19: Jogo do covarde no processo tributário

Fisco \ Contribuinte	Acordo	Processa
Acordo	0 , 0	1 , 0
Processa	0 , 1	-1 , -1

Fonte: Elaboração própria.

Nessa matriz, o primeiro valor representa o pagamento para o contribuinte, e o segundo valor representa o pagamento para o órgão fiscalizador. Os valores podem ser quantificados em termos de custos de litígio, solução do problema tributário e reputação das partes. A matriz de pagamento pode ajudar as partes a decidirem qual estratégia adotar com base no resultado mais provável e no pagamento associado a cada opção.

3.4 Queima de barcos e "*Si vis pacem, para bellum*"

Muito antes de a teoria dos jogos aparecer oficialmente, para mostrar aos analistas como pensar sobre esse tipo de problema sistematicamente, ela ocorreu intuitivamente a alguns líderes militares reais e influenciou suas estratégias. Assim, o conquistador espanhol Cortez queimou os navios para eliminar o risco de que suas tropas pudessem pensar em uma retirada ao perceberem que os astecas eram mais numerosos e poderiam assustar a pequena força que desembarcara no México. Como a fuga se tornou fisicamente impossível, os soldados espanhóis não tinham melhor curso de ação do que ficar e lutar, com o máximo de determinação que fosse possível (Osborne, 2004).

A estratégia de Cortez teve um efeito desanimador na motivação dos astecas. O espanhol teve o cuidado de queimar seus navios de maneira bem visível, para que os astecas pudessem ver o que ele havia feito e soubessem que fugir não era mais uma opção para o exército espanhol. Provavelmente os líderes locais raciocinaram da seguinte forma: Qualquer comandante que pudesse estar tão confiante a ponto de destruir deliberadamente sua própria opção de fugir se a batalha fosse ruim para ele deve ter boas razões para tanto otimismo extremo. Assim, não pode ser sábio atacar um oponente que tem um bom motivo (seja lá qual for, exatamente) para ter certeza de que ele não pode perder. Os astecas, portanto, recuaram para as colinas circundantes, e Cortez teve a vitória mais fácil possível. Esse jogo é conhecido como "queimar os barcos".[24]

Os autores tradicionais de teoria dos jogos representam essa situação em termos bélicos com o jogo simples em que existem dois países com seus exércitos e uma ilha entre ambos. Cada exército prefere ocupar a ilha a não a ocupar, mas uma luta é o pior resultado para ambos os exércitos. Ou seja, é um jogo sequencial entre dois jogadores, que pode ser representado pela forma extensiva abaixo, supondo que o exército 1 age primeiro:

Figura 20: Jogo da queima de barcos se Exército 1 escolhe

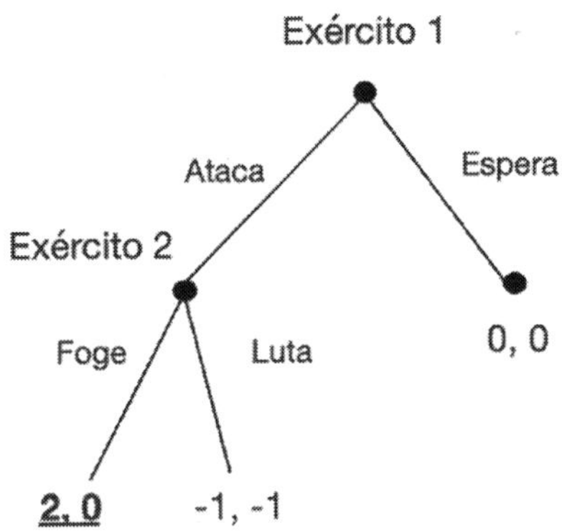

Fonte: Elaboração própria.

[24] Ou quando os russos incendiaram a sua própria capital, Moscou, para evitar a sua invasão por Napoleão Bonaparte.

Ou seja, se o Exército 1 ataca, e o Exército 2 luta, ambos perdem 1. Se o Exército 1 esperar, eles não recebem nenhum benefício ou penalidade. Se o Exército 1 ataca, e o Exército 2 foge, o Exército 1 recebe um bônus.

Por indução invertida (olhado de trás para frente), percebemos que o exército 2 prefere fugir a lutar, pois 0 > -1. Assim, o exército 1 olha para suas duas opções de estratégia (atacar ou esperar) e vê que o resultado de esperar é 0 e o de atacar é 2 (já que o exército 2 vai preferir fugir).

Ocorre que o Exército 2 pode agir antes e demonstrar que a estratégia de fuga não estaria à disposição. Queimando a ponte de retorno, o Exército 2 sinaliza (ameaça crível) que eles pretendem escolher a estratégia de luta, embora seja dominado pela estratégia de fuga. Se o Exército 1 acredita nessa ameaça, então é racional para o Exército 1 não escolher a solução atacar. Queimar a ponte é um mecanismo para tornar a ameaça confiável, no jogo abaixo:

Figura 21: Jogo da queima de barcos com o Exército 2 podendo escolher primeiro

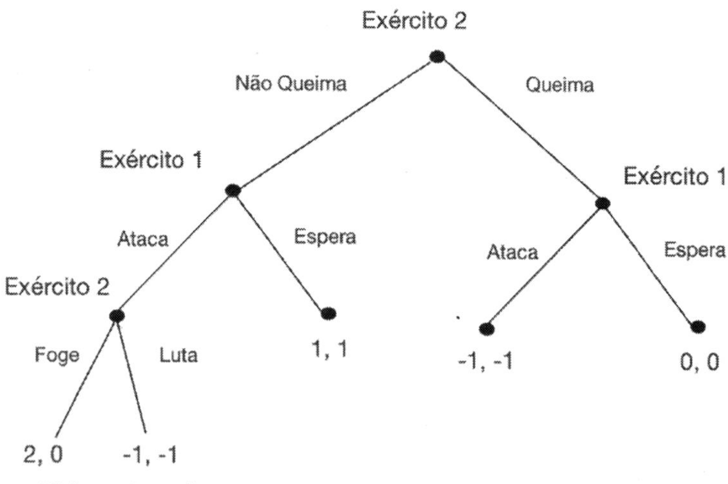

Fonte: Elaboração própria.

Esse jogo é similar ao da guerra fria, em que uma das partes afirma que se houver ataque, não existe a possibilidade de conciliar, sendo o contra-ataque nuclear um evento certo. Como destacado por Robert Aumann,[25] esse jogo que envolve ameaça guarda muita semelhança com a *pax* romana e o brocardo "Se queres paz, te prepara para a guerra", pois a ameaça crível pode evitar um comportamento indesejado do oponente. Ou seja, a ameaça crível gera equilíbrio que impede o pior cenário de conflito.

Na área tributária, poderíamos ver elementos desse jogo clássico na hipótese de o ente estatal proibir, de modo rígido, alguns tributos de serem parcelados ou transacionados, por exemplo. Assim, os contribuintes não iriam recorrer à estratégia de evitar o pagamento de tributos esperando chegar algum tipo de plano de refinanciamento de passivo tributário, com remissão e anistia de multas. Caso o Estado sinalizasse que os "barcos estavam queimados", poderia gerar uma maior agilidade no pagamento dos tributos, evitando o chamado "risco moral" (*moral hazard*) que é incentivo para que o indivíduo siga se portando mal, uma vez que eventualmente é perdoado por isso.

3.5 Batalha dos sexos (Bach ou Stravinsky)

O jogo da batalha dos sexos é um jogo de coordenação de dois jogadores que também envolve elementos de conflito. O jogo foi introduzido em 1957, por R. Duncan Luce e Howard Raiffa, em seu livro clássico *Games and Decisions*. Alguns autores, como Osborne, preferem evitar atribuir sexos aos jogadores e refere-se a escolhas entre dois concertos (Bach ou Stravinsky) para representar o jogo (Osborne, 2004).

Na batalha dos sexos, ambos os jogadores devem escolher um evento para comparecer. O objetivo do jogo é que os jogadores compareçam ao mesmo evento para receber a maior recompensa possível. No entanto, se um jogador escolher um evento diferente do outro, ambos recebem uma recompensa menor. Além disso, há uma pequena penalidade para o jogador que escolher o evento menos popular.

---

[25] Disponível em: https://www.nobelprize.org/uploads/2018/06/aumann-lecture.pdf. Acesso em: 26 fev. 2024.

Na representação normal do jogo, existem dois jogadores, um homem e uma mulher, que devem decidir para onde ir em uma noite de sábado. O homem prefere ir a um jogo de futebol, enquanto a mulher prefere ir ao teatro. Os jogadores devem escolher simultaneamente um local para ir, sem comunicar sua escolha ao outro jogador.

A matriz do jogo da "batalha dos sexos" em sua forma normal seria a seguinte:

Figura 22: Jogo da batalha dos Sexos

		Mulher	
		Jogo de Futebol	Teatro
Homem	Jogo de Futebol	2 , 1	0 , 0
	Teatro	0 , 0	1 , 2

Fonte: Elaboração própria.

Nessa matriz, cada célula representa o resultado para cada jogador, dependendo das escolhas de ambos. O primeiro número em cada célula representa o resultado do jogador, e o segundo número representa o resultado da jogadora, supondo as preferências indicadas acima.

Por exemplo, se o homem escolher ir ao jogo de futebol, e a mulher escolher ir ao teatro, o resultado será 0 para o homem e 0 para a mulher. Se ambos escolherem ir ao jogo de futebol, o resultado será 2 para o homem e 1 para a mulher. Já se ambos escolherem ir ao teatro, o resultado será 1 para a mulher e 2 para o homem.

O jogo da "batalha dos sexos" é interessante porque não há uma solução dominante, ou seja, não há uma escolha que beneficie ambos os jogadores independentemente da escolha do outro. Cada jogador deve escolher com base nas preferências individuais e na expectativa sobre o que o outro jogador escolherá. Embora seja chamado de batalha dos sexos, este jogo pode ser aplicado a qualquer situação em que haja conflito de interesses e os jogadores precisem coordenar suas escolhas. É um exemplo clássico de como a cooperação é essencial para alcançar o melhor resultado em situações de conflito.

A estratégia no jogo é encontrar uma solução que atenda a ambas as preferências e maximizar o resultado. Na prática, o jogo da "batalha dos sexos" pode ser aplicado ao direito tributário na resolução de conflitos entre contribuintes e o fisco.

Por exemplo, um contribuinte pode preferir pagar um valor menor de impostos, enquanto o fisco pode preferir cobrar um valor maior para aumentar a arrecadação. Se eles chegarem a um acordo que atenda às duas preferências, ambos terão um resultado positivo. No entanto, se não chegarem a um acordo, e o fisco cobrar um valor maior do que o contribuinte considera justo, o resultado será negativo para o contribuinte.

Assim, a estratégia no direito tributário é encontrar uma solução que atenda aos interesses do fisco e do contribuinte levando em consideração as preferências de ambas as partes. A negociação pode envolver a concessão de benefícios fiscais para o contribuinte, como descontos ou parcelamentos de dívidas, e a adoção de medidas para aumentar a arrecadação pelo fisco, como ações de cobrança mais eficientes.

3.6 *Focal point*

Na teoria dos jogos, uma solução que as pessoas tendem a escolher espontaneamente na ausência de comunicação é conhecida como um *focal point* (às vezes referidas como *Schelling point*). O conceito foi inicialmente proposto por Thomas Schelling no livro *The Strategy of Conflict* (1960), que afirmava que as pessoas podem coordenar suas intenções ou expectativas com outras em um ambiente cooperativo, se cada parte estiver ciente de que a outra está tentando fazer o mesmo. Como resultado, suas ações se concentrariam em um ponto focal mais proeminente do que o ambiente. No entanto, a visibilidade desse ponto focal depende do tempo, do lugar e dos participantes. Ele se refere a uma solução que é considerada natural ou lógica pelos jogadores, mesmo que não seja necessariamente a melhor escolha em termos de resultado.

Por exemplo, se dois jogadores são instruídos a escolher um número entre 1 e 100, é mais provável que ambos escolham o número 50, mesmo que não haja nenhuma razão objetiva para isso. O número 50 se torna um "ponto focal" porque é considerado uma escolha mais óbvia ou natural.

Na teoria dos jogos, a identificação do "ponto focal" pode ser útil na resolução de conflitos e na negociação entre as partes. Ao identificar um ponto focal comum, as partes podem chegar a uma solução mais rapidamente, sem a necessidade de cálculos complexos ou argumentos extensos.

Na aplicação do direito tributário, o conceito de "ponto focal" pode ser útil na resolução de conflitos entre o fisco e os contribuintes. Por exemplo, se um contribuinte é notificado pelo fisco sobre uma suposta infração tributária, ele pode ter uma visão diferente sobre a situação em comparação ao fisco.

Ao identificar um ponto focal comum, como a aplicação de uma lei tributária específica ou a interpretação de uma norma tributária, as partes podem chegar a uma solução mais rapidamente e evitar a necessidade de longas disputas jurídicas. O ponto focal pode ser a base para a negociação de acordos e compromissos, permitindo que as partes resolvam conflitos de maneira mais eficiente e eficaz.

Um exemplo de "ponto focal" no direito tributário com a interpretação de conceitos jurídicos pode ocorrer na aplicação do conceito de "faturamento" para fins de incidência de tributos federais.

O faturamento é um conceito jurídico utilizado para definir a base de cálculo de alguns tributos, como o Programa de Integração Social (PIS) e a Contribuição para o Financiamento da Seguridade Social (Cofins). No entanto, a definição do que é considerado "faturamento" pode ser objeto de interpretações divergentes entre o fisco e os contribuintes.

Nesse caso, um "ponto focal" comum pode ser a definição de "faturamento" prevista na legislação tributária, bem como a jurisprudência dos tribunais superiores. Ao se chegar a um consenso sobre o que é considerado "faturamento", as partes podem definir de forma mais clara e objetiva a base de cálculo dos impostos devidos, evitando conflitos e disputas jurídicas prolongadas.

Por exemplo, se uma empresa for autuada pelo fisco por suposta sonegação de impostos, a definição do que é considerado "faturamento" pode ser um ponto focal na negociação entre as partes. Ao se chegar a um consenso sobre o conceito de "faturamento", as partes podem chegar a um acordo quanto ao valor a ser pago ou questionado judicialmente.

Nesse caso, podemos aplicar o conceito de ponto focal, que é um ponto de referência comum para ambos os jogadores, a fim de facilitar a tomada de decisão sem a troca de informações.

3.7 Jogos evolutivos: falcão e pombo

Na teoria dos jogos, um jogo evolutivo é um modelo matemático utilizado para descrever como as estratégias dos jogadores evoluem ao longo do tempo, usando equações diferenciais. Esse tipo de jogo permite que as estratégias dos jogadores sejam atualizadas a cada rodada, com base no resultado das rodadas anteriores, levando a um processo de evolução das estratégias (Osborne, 2004).

Os jogos evolutivos são usados para modelar situações em que os jogadores têm que se adaptar às condições de jogo em mudança. Em vez de assumir que os jogadores são racionais e sempre escolhem a estratégia ótima, a teoria dos jogos evolutivos considera que as estratégias dos jogadores podem mudar ao longo do tempo, dependendo do sucesso ou fracasso dessas estratégias em jogadas anteriores, tendendo a um ponto fixo.

Os jogos evolutivos são usados para estudar a evolução de comportamentos de cooperação em populações de animais e a evolução de estratégias de negociação em mercados financeiros. Uma das principais aplicações da teoria dos jogos evolutivos é a modelagem de dinâmicas de evolução de estratégias em jogos de múltiplos jogadores.

O jogo evolutivo mais famoso é o "jogo do falcão e do pombo", que é um modelo matemático utilizado na teoria dos jogos para representar situações de conflito em que dois jogadores, falcão e pombo, podem escolher entre duas estratégias possíveis: falcão (atacar) ou pombo (fugir ou se render).

Se os dois jogadores escolhem a estratégia pombo, eles dividem igualmente a recompensa. Se um jogador escolhe falcão, e o outro escolhe pombo, o jogador que escolheu falcão fica com toda a recompensa, enquanto o jogador que escolheu pombo não ganha nada. Se ambos os jogadores escolhem falcão, ocorre um confronto, e eles dividem a recompensa de acordo com as suas habilidades.

O jogo do falcão e do pombo é chamado de "evolutivo" porque as estratégias dos jogadores são atualizadas a cada rodada, com base no resultado das rodadas anteriores, e refletem o equilíbrio da população dessas duas aves. Por exemplo, se um jogador escolhe a estratégia falcão e perde a recompensa, ele pode decidir mudar para a estratégia pombo na próxima rodada, esperando que o outro jogador também mude para a estratégia pombo. Se ambos os jogadores mudarem para a estratégia pombo, eles dividirão igualmente a recompensa.

Figura 23: Jogo do falcão e do pombo

Falcão e Pombo

	F	P
F	(g-c)/2	C
P	0	c/2 - l

Fonte: Elaboração própria.

Assim, o jogo evolutivo do falcão e do pombo pode ser utilizado para modelar situações de conflito em que os jogadores podem escolher entre lutar ou fugir, e as suas escolhas são influenciadas pelo resultado das rodadas anteriores.

Uma aplicação prática no direito tributário pode ser o seguinte jogo:

Jogadores: Estado e Contribuinte.
Regras do jogo: O Estado pode escolher entre aplicar uma penalidade mais rigorosa ou menos rigorosa em caso de evasão fiscal. O Contribuinte pode escolher entre cumprir ou não cumprir as obrigações fiscais.
Pagamentos: Se o Contribuinte cumprir as obrigações fiscais, ele recebe um benefício fiscal. Se o Contribuinte não cumprir as obrigações fiscais, e o Estado aplicar uma penalidade mais rigorosa, o Contribuinte não recebe benefício fiscal. Se o Contribuinte não cumprir as obrigações fiscais, e o Estado aplicar uma penalidade menos rigorosa, o Contribuinte ainda recebe um benefício fiscal, mas menor do que se cumprisse as obrigações fiscais.
Estratégias:
Pombo (Contribuinte): cumpre as obrigações fiscais.
Falcão (Contribuinte): não cumpre as obrigações fiscais.
Pombo (Estado): aplica penalidade menos rigorosa em caso de evasão fiscal.
Falcão (Estado): aplica penalidade mais rigorosa em caso de evasão fiscal.

O jogo começa com o Estado aplicando uma penalidade menos rigorosa em caso de evasão fiscal. O Contribuinte então decide se irá cumprir ou não as obrigações fiscais. Se o Contribuinte cumprir as obrigações fiscais, ele recebe o benefício fiscal. Se o Contribuinte não cumprir as obrigações fiscais, o Estado decide se irá aplicar uma penalidade mais rigorosa ou menos rigorosa. Se o Estado aplicar uma penalidade mais rigorosa, o Contribuinte não recebe benefício fiscal. Se o Estado aplicar uma penalidade menos rigorosa, o Contribuinte ainda recebe um benefício fiscal, mas menor do que se cumprisse as obrigações fiscais.

Assim, se o Contribuinte escolher a estratégia falcão, e o Estado escolher a estratégia falcão, o pagamento será desfavorável para o Contribuinte. Na próxima rodada, o Contribuinte pode decidir mudar para a estratégia pombo esperando que o Estado também mude para a estratégia pombo. Se ambos os jogadores mudarem para a estratégia pombo, o pagamento será favorável para o Contribuinte.

Assim, o jogo evolutivo do tipo falcão e pombo envolvendo o direito tributário pode envolver uma evolução das estratégias dos jogadores com base nos resultados obtidos em rodadas anteriores. O equilíbrio desse jogo é dinâmico, e sua convergência dependerá das probabilidades do espaço de estratégias de ambos os jogadores.

Para ficar mais fácil de entender, vamos apresentar um exemplo numérico do equilíbrio desse jogo evolutivo do tipo falcão e pombo.

Suponha que o benefício fiscal seja de R$100,00, e que a penalidade mais rigorosa seja de R$200,00, enquanto a penalidade menos rigorosa seja de R$50,00.

Se ambos os jogadores escolherem a estratégia pombo, o Contribuinte cumprirá as obrigações fiscais e receberá o benefício fiscal de R$100,00, enquanto o Estado aplicará uma penalidade menos rigorosa de R$50,00, que ainda permitirá que o Contribuinte receba o benefício fiscal. O pagamento total nesse caso seria de R$150,00.

Se o Contribuinte escolher a estratégia falcão, e o Estado escolher a estratégia pombo, o Contribuinte não cumprirá as obrigações fiscais e não receberá o benefício fiscal, enquanto o Estado aplicará uma penalidade menos rigorosa de R$50,00. O pagamento total nesse caso seria de –R$50,00.

Se ambos os jogadores escolherem a estratégia falcão, o Contribuinte não cumprirá as obrigações fiscais e receberá a penalidade mais rigorosa de R$200,00, enquanto o Estado aplicará a penalidade mais rigorosa. O pagamento total nesse caso seria de –R$200,00.

Se o Contribuinte escolher a estratégia pombo, e o Estado escolher a estratégia falcão, o Contribuinte cumprirá as obrigações fiscais e receberá o benefício fiscal de R$100,00, enquanto o Estado aplicará a penalidade mais rigorosa de R$200,00. O pagamento total nesse caso seria de –R$100,00.

Assim, o equilíbrio desse jogo evolutivo ocorre quando ambos os jogadores escolhem a estratégia pombo, já que essa é a única combinação de estratégias em que ambos os jogadores obtêm um pagamento positivo. Nesse caso, o Contribuinte cumprirá as obrigações fiscais e receberá o benefício fiscal de R$100,00, enquanto o Estado aplicará uma penalidade menos rigorosa de R$50,00. O pagamento total nesse caso seria de R$150,00.

3.8 Trump e as políticas tarifárias à luz dos jogos clássicos[26]

China recuou. França recuou. Panamá recuou. México recuou. Canadá recuou. Brasil recuou. Logo nos primeiros dias de mandato, o presidente dos Estados Unidos, Donald Trump, empunhou a tarifa comerciais[27] como peça-chave de um grande jogo: anunciou que aplicaria barreiras comerciais caso cada um desses países não ajustasse políticas internas que colidissem, de alguma forma, com interesses norte-americanos.[28] Muitos observadores rotularam o gesto de simples fanfarronice ou bravata; porém, visto pelas lentes da teoria dos jogos, o movimento se assemelha a um jogo assimétrico no qual a ameaça tarifária funciona como compromisso crível capaz de deslocar o equilíbrio de Nash para o ponto preferido pelos EUA. É essa mecânica estratégica que investigaremos a seguir, explicitando jogadores, *pay offs* e condições de credibilidade da ameaça.

---

[26] Esse tópico foi inspirado no artigo CARVALHO, Cristiano. *Trump e a teoria dos jogos*: as tarifas como estratégia geopolítica. Consultor Jurídico, São Paulo, 22 fev. 2025. Disponível em: https://www.conjur.com.br/2025-fev-22/trump-e-a-teoria-dos-jogos-as-tarifas-como-estrategia-geopolitica/. Acesso em: 14 maio 2025.

[27] Do ponto de vista tributário, trata-se de tributação sobre importação, de caráter mais extrafiscal do que arrecadatório, muitas vezes utilizado para proteger a indústria nacional. Do ponto de vista de comércio exterior, a expressão mais utilizada é "tarifa comercial". Em relação à França, em seu primeiro mandato, Trump ameaçou tarifar em 100% os produtos franceses, caso empresas americanas fossem tributadas. Não demorou muito e Macron, que parecia resoluto a tributar, cedeu e chegou a uma trégua com Trump, e ambos retrocederam.

[28] Já nos primeiros dias de seu atual mandato, Trump expediu uma séria de *executive orders* impondo tarifas sobre os produtos exportados pelo Mexico e Canadá por conta de estes não reforçarem suas fronteiras com os Estados Unidos contra o tráfico de drogas. Inicialmente, ambos os países ameaçaram retaliar, mas logo desistiram e aquiesceram. O mesmo ocorreu em relação ao Brasil, ameaçado de tarifas sobre produtos como aço entre outros. Este chegou a ameaçou retaliar, mas até o presente momento, recuou.

Recordemos alguns jogos clássicos. Em breve síntese, o dilema do prisioneiro ilustra a lógica da cooperação impossibilitada: delatar é estratégia dominante para ambos os cúmplices incomunicáveis, produzindo um equilíbrio de Nash (traição mútua) racional para cada jogador, mas inferior ao *pay off* coletivo que teria preservado o silêncio. Já o *chicken game* descreve conflitos de credibilidade: vence quem sinaliza disposição crível de não desviar, ainda que o custo extremo – a "colisão" – destrua todos se nenhum recuar. Thomas Schelling (RAND, *The Strategy of Conflict*, 1960) formalizou essa tática de *brinkmanship*, na qual se tensiona o sistema até a beira do desastre para deslocar o equilíbrio; Robert Aumann refinou as condições de ameaça crível e repetição. Da crise dos mísseis (1962) às disputas tarifárias contemporâneas, esses arcabouços mostram como decisões racionais podem gerar resultados coletivamente subótimos ou perigosamente instáveis – pano de fundo conceitual para entendermos, a seguir, a estratégia de tarifas.

Críticos às tarifas impostas por Donald Trump qualificam-nas como retorno a um mercantilismo anacrônico: taxar bens estrangeiros equivale a subsidiar, por via oblíqua, a indústria doméstica preservando produtos frequentemente mais caros, tecnicamente inferiores e pouco inovadores, em detrimento direto do consumidor americano. A fisiologia do protecionismo não termina aí. Ao elevar artificialmente o preço de insumos importados, a tarifa infiltra-se por toda a cadeia de valor. O repasse de custos para o preço final tende a pressionar o índice oficial de inflação e a ancoragem de expectativas, exigindo política monetária mais dura. Em economias fortemente dependentes de cadeias globais, a redução da concorrência internacional ainda diminui o incentivo à produtividade e, no limite, consolida setores inteiros em padrões tecnológicos de segunda linha.

Sob a ótica estritamente econômica, trata-se de retroceder duzentos e cinquenta anos, ignorando a lição inaugural de Adam Smith (*A Riqueza das Nações*, 1776) e a evolução posterior – de David Ricardo (*Princípios de Economia Política e Tributação*, 1817), passando por Heckscher-Ohlin, até as teorias de comércio com imperfeições de Paul Krugman. O equívoco mercantilista – exportar muito, importar pouco – é a projeção macroeconômica da contabilidade micro de um empresário que confunde faturamento com bem-estar agregado; ao extrapolá-la para todo um país, incorre-se na falácia da composição.

Além disso, esse raciocínio ignora a natureza em rede das cadeias de suprimentos contemporâneas: vantagens comparativas são dinâmicas, renovam-se com tecnologia, capital humano e logística. Como alertou Ricardo, sociedades prosperam ao explorar vantagens comparativas, produzindo o que fazem relativamente melhor e importando o restante. Mercados abertos ampliam variedade, reduzem preços, elevam qualidade e propulsionam difusão de conhecimento – maximizando o excedente de produtores, consumidores e, crucialmente, inovadores.

Do ponto de vista exclusivamente econômico, portanto, a crítica às tarifas é impecável. Ainda assim, reduzir o movimento tarifário de Trump a um mero erro de manual seria ignorar o tabuleiro mais amplo. Cumpre investigar se a Casa Branca pretendia, de fato, privilegiar a eficiência, ou se utilizou a tarifa como peça de barganha geopolítica multifacetada – pressionando parceiros a rever subsídios, estimulando relocalização de cadeias críticas no interior dos EUA e projetando força em setores sensíveis. É nesse jogo que a análise transita das curvas de oferta e demanda para matrizes de *pay off* em que soberania, segurança nacional e poder de agenda pesam mais do que a eficiência estática de mercado.

Sendo a Geopolítica a área de estudo e de atuação nas relações internacionais e dos fatores geográficos, políticos, econômicos e militares que influenciam o poder e a dinâmica entre os países, a estratégia é um fator determinante para o sucesso ou fracasso nesse tabuleiro.

Há dois instrumentos básicos para um jogo estratégico no contexto geopolítico: o bélico e o comercial. Em um conflito, um país pode sinalizar ameaça bélica crível ao movimentar suas forças armadas em direção ao adversário, desde que este acredite que as mesmas poderão, de fato, ser acionadas. Foi o que os EUA fizeram na citada crise dos mísseis cubanos, assim como diversos outros países ao longo dos séculos. A citação famosa de Sun Tzu, em "*A Arte da Guerra*", é "a suprema arte da guerra é derrotar o inimigo sem lutar", mas, para tanto, não basta apenas ter capacidade bélica, mas demonstrar a real intenção de vir a acioná-la caso o oponente não ceda. Pode-se dizer que a sinalização é tão ou mais importante que a mera superioridade dos exércitos, o que se pode demonstrar com os conflitos globais após o primeiro mandato de Trump, com Joe Biden na presidência. O governo Biden sinalizou fraqueza ao retirar, de forma desastrosa, as tropas americanas do Afeganistão, em 2021, primeiro ano de seu mandato. A percepção de ameaça crível dos EUA ficou prejudicada, e é notável que, logo na sequência, tivemos a invasão da Ucrânia pela Rússia, deflagrando uma guerra que ainda não acabou, assim como ameaça de invasão de Taiwan pela China, ameaça de invasão da Guiana pela Venezuela, e ataque terrorista inaudito do Hamas a civis israelenses. No mínimo, há uma forte correlação entre esses eventos, o que a teoria dos jogos pode ajudar a explicar.

Tomando a guerra na Ucrânia como exemplo, até 2020 prevalecia entre Washington e Moscou um equilíbrio reminiscente da Guerra Fria, sustentado pelo jogo *da Mutual Assured Destruction* (MAD): qualquer ataque nuclear implicaria retaliação em escala tal, que aniquilaria ambas as potências – e, por arrasto, boa parte do planeta. Esse equilíbrio de Nash, embora precário, inibia iniciativas bélicas diretas: o conflito deslocava-se para as sombras da diplomacia e da espionagem num estado que ficou carimbado como "guerra fria". Analistas argumentam que tal dissuasão perdeu força durante a administração Biden, momento em que os EUA teriam deixado de projetar ameaça crível. O resultado teria sido a invasão russa de 2022. Com a volta de um governo mais assertivo em Washington, a percepção de risco para Moscou parece ter sido restaurada, a ponto de o próprio Vladimir Putin declarar que, caso Donald Trump estivesse na Casa Branca, o ataque não teria ocorrido.[29] Sinais recentes de cessar-fogo sugerem que o sistema pode rumar a novo ponto de equilíbrio.

Iniciar guerra aberta é jogo de custo extremo: além dos gastos militares diretos, há perdas morais, reputacionais e a perspectiva de sanções multilaterais – embargos, tarifas punitivas, congelamento de ativos, expulsão de diplomatas. Daí a preferência por armas econômicas, notadamente tarifas, como instrumento de coerção de menor intensidade.

É justamente essa a estratégia favorita de Trump no primeiro mandato e continua a sê-lo. Sua credibilidade resulta do histórico: ele efetivamente impôs tarifas e mostrou disposição para aumentá-las.

---

[29] Disponível em: https://www.rtp.pt/noticias/mundo/putin-diz-que-crise-na-ucrania-nao-teria-acontecido-com-trump-presidente_v1629741.

Tal como a superioridade bélica sustenta a dissuasão militar, a massa econômica sustenta a dissuasão comercial. Com um PIB próximo a US$ 29 trilhões[30] – cerca de dez trilhões à frente da China – os EUA dispõem de ampla margem para sacrificar consumo interno no curto prazo e, ainda assim, manter a vantagem relativa, o que torna a ameaça tarifária dura e crível.

A lógica espelha a do conflito armado: em vez de deslocar porta-aviões, lista-se um pacote tarifário sobre setores críticos do adversário, forçando-o a negociar. O desgaste reputacional tende a ser menor, e o gesto pode inclusive agradar ao eleitorado doméstico, alinhado ao mantra *America first* – protecionismo seletivo como defesa da indústria nacional. Conforme o índice da Heritage Foundation,[31] os EUA permanecem entre as economias mais abertas do planeta, o que lhes confere legitimidade para calibrar temporariamente barreiras sem colapsar a narrativa de livre comércio.

Nesse pano de fundo, vale mencionar a reforma administrativa conduzida por Elon Musk à frente do recém-criado *Department of Government Efficiency* (DOGE): um choque de gestão orientado a transparência, digitalização e cortes de desperdício com meta declarada de reduzir em US$1 trilhão o déficit federal. A combinação de musculatura econômica, ameaça tarifária crível e busca de eficiência interna compõe o tabuleiro no qual se decide se a guerra na Ucrânia se prolonga ou encerra – e a que preço para cada jogador.

Outro ponto importante de política tributária internacional do atual governo americano, que podemos analisar pela teoria dos jogos, é a iniciativa BEPS (*Base Erosion Profits Shifting*), com adesão de diversos países da Organização para a Cooperação e Desenvolvimento Econômico (OCDE). O BEPS congrega quinze ações destinadas a fechar brechas que permitem às multinacionais deslocar lucros para jurisdições de baixa tributação. Por possuir natureza de *soft law*, o pacote não vincula juridicamente os signatários até que cada um converta as

---

30 Disponível em: https://pt.tradingeconomics.com/united-states/gdp

31 Disponível em: https://www.heritage.org/index/pages/all-country-scores. Considerando que, por ser um país de dimensão continental e com enorme população, a média tende a cair se comparado a países ou jurisdições menores, quando estes são inclinados à liberdade econômica, como por exemplo Irlanda, Honk Kong ou Emirados Árabes. Todavia, quando comparado a países de dimensão semelhante, os EUA lideram os índices de livre comércio.

recomendações em norma interna; ainda assim, a pressão reputacional e o temor de listas cinzentas explicam a elevada taxa de adesão. Seu Pilar Dois – um imposto de renda corporativo mínimo global de 15% com exceções limitadas (*carve-outs*) – tornou-se o símbolo da tentativa de formar um cartel fiscal internacional.

A administração Biden aderiu à proposta. Já na primeira semana de mandato, Donald Trump revogou o compromisso por *executive order*, denunciando-o como agenda globalista[32] que subtrairia soberania e atratividade dos EUA. Em chave de teoria dos jogos, esse movimento rompe o equilíbrio de Nash incipiente que a OCDE buscava consolidar: o acordo funciona como dilema de prisioneiros em grande escala, no qual cada país só renuncia à competição tributária se confia que os demais farão o mesmo. Ao desertar, Washington sinaliza às empresas que seu território permanecerá relativamente mais vantajoso, capturando investimentos marginais.

Por essas e outras sinalizações, não parece que os EUA irão se tornar um país mercantilista.

A tarifação de Trump indica, sim, uma forma de estratégia de pressão não para arrecadar, mas para marcar posição e forçar os demais países a adotarem políticas públicas e/ou reduzirem as suas próprias tarifas impostas aos EUA. Vejamos o exemplo do Brasil.

O *Index of Economic Freedom da Heritage Foundation*[33] coloca o Brasil na 124ª posição, confirmando sua condição de mercado fechado. A retaliação proposta – "tarifas de reciprocidade"[34] – reativa a lógica *tit for tat* dos torneios de Robert Axelrod: cooperação é recompensada, agressão é devolvida com a mesma intensidade.

Num *chicken game* comercial, essa simetria torna a ameaça crível e estabiliza expectativas: escaladas custam a ambos, mas o lado com maior fôlego – PIB americano de ~US$ 29 tri contra ~US$ 2 tri do Brasil – suporta o embate por mais tempo. A estratégia também

---

32 Não confundir globalismo com globalização econômica. Esta última significa livre comércio entre os países do mundo; o primeiro significa uma ordem política, social, cultural e econômica transnacional que invade as soberanias nacionais de modo a implantar uma ordem mundial, impondo uma agenda ideológica de viés nitidamente autoritário.

33 Disponível em: https://www.heritage.org/index/pages/country-pages/brazil#:~:text=Brazil's%20economic%20freedom%20score%20is,2024%20Index%20of%20Economic%20Freedom.

34 Disponível em: https://www.gazetadopovo.com.br/economia/tarrfas-de-trump-brasil-impactos/

explora o *shadow of the future*: como as relações comerciais são repetidas, a perspectiva de retaliações recíprocas incentiva abertura gradual. Resta saber se Brasília ajustará seu protecionismo para evitar uma colisão tarifária prolongada.

Em conjunto com a resistência ao BEPS, o recado é claro: os EUA empregam sua escala econômica para moldar padrões globais – seja incentivando investimento via tributação mais branda, seja punindo parceiros com barreiras calibradas. Na prática, trata-se de projetar poder geopolítico a custo menor que o militar preservando, ao mesmo tempo, a narrativa interna do *America first* e a reputação externa de polo dinâmico de inovação.

No contexto de um *chicken game* entre nações, seja por ameaças bélicas ou comerciais, o *tit for tat* funciona como uma resposta imediata e proporcional: se uma nação adota uma postura agressiva, a outra replica na mesma medida, o que incentiva a moderação e a cooperação ao mostrar que a escalada trará consequências mútuas indesejadas. Dito de outra forma, comporte-se bem, e eu me comportarei bem; comporte-se mal, e eu me comportarei pessimamente. É uma estratégia adotada em jogos dinâmicos, reiterados, jogados continuamente entre os mesmos jogadores.

A trajetória tarifária construída por Donald Trump não sinaliza volta ao mercantilismo clássico – aquele protecionismo que fecha mercados –, e sim o uso de uma alavanca negocial. A lógica central não é arrecadar, mas balizar um jogo de pressão: quem tributa excessivamente as exportações americanas recebe a ameaça de retaliação até que reduza seus próprios gravames. Internamente, o gesto rende dividendos eleitorais ao reforçar a retórica *America first*; externamente, faz do acesso ao gigantesco mercado dos EUA o prêmio para quem colabora.

A relação com o Brasil ilustra a mecânica em duas rodadas em que Trump ameaçou duas vezes tributar o aço brasileiro.[35] Em março de 2018, a Casa Branca anunciou tarifas de 25% sobre aço e de 10% sobre alumínio importados, medida que atingiria em cheio um de seus principais fornecedores: a siderurgia brasileira. O sinal de

---

[35] Disponível em https://www.bbc.com/portuguese/articles/czj3l484pd8o#:~:text=Em%20mar%C3%A7o%20de%202018%2C%20no,do%20a%C3%A7o%20produzido%20no%20Brasil.

alerta bastou para abrir negociações de última hora. Dias depois, novo decreto excluiu Brasil, Argentina, Austrália, União Europeia e Coreia do Sul do pacote, restabelecendo alíquotas de 0,9% para o aço e 2% para o alumínio. A ameaça cumprira o papel de puxar o oponente à mesa sem que a colisão se concretizasse.

Em dezembro de 2019, a história quase se repetiu. Alegando a desvalorização do real e do peso argentino, Trump voltou a anunciar tarifas sobre metais sul-americanos. Bastou um telefonema de Jair Bolsonaro para que o alerta fosse retirado; em seguida, o presidente americano *tuitou* terem mantido "ótima conversa" e que a relação bilateral "nunca foi tão forte". Novamente, a retaliação serviu mais como moeda de troca do que como política econômica de longa duração.

Esses episódios reproduzem o *chicken game* no tabuleiro comercial: avança-se rumo à colisão tarifária, mas recua-se assim que o adversário demonstra disposição para ceder. A diplomacia funciona como pista lateral onde ambos podem abandonar a rota de choque – desde que a ameaça inicial seja crível. Quanto melhor o histórico de comunicação entre as capitais, menor o risco de erro de cálculo, e mais rápido emergem soluções cooperativas.

Daí a máxima latina *si vis pacem, para bellum* ("Se queres paz, prepara-te para a guerra"). É a "paz através da força" (*peace through strenght*) ou, de forma mais direta, a paz significa ter um porrete maior do que o do adversário e disposição para usá-lo, se preciso. No comércio, paz equivale a livre-troca, e esta precisa de poder dissuasório. Com o maior exército e um PIB de quase US$29 trilhões – contra pouco mais de US$2 tri do Brasil –, os Estados Unidos dispõem de um "porrete" formidável e da disposição política para brandi-lo. A teoria dos jogos demonstra o *script*, mas os resultados – queda duradoura das tarifas brasileiras ou rearranjos de cadeias de abastecimento – precisarão de tempo para se consolidar. O que já se sabe é que Trump possui cacife, apetite por risco e afinidade com o tabuleiro: é um jogador nato.

CAPÍTULO 4

ALGUNS OUTROS JOGOS TRIBUTÁRIOS

Apesar de Direito Tributário ser uma área extremamente estratégica na vida moderna, existem pouquíssimos trabalhos que modelem os comportamentos dos agentes econômicos envolvidos no fenômeno tributário. Registrem-se os excelentes trabalhos no que diz respeito à sonegação/evasão/compliance e às guerras fiscais. Em geral, são utilizados os modelos clássicos de jogos para se analisar o comportamento.

Neste livro, usaremos como referência os trabalhos teóricos e empíricos já realizados sobre os jogos tributários, assim como também utilizaremos outros modelos desenhados para comportamentos que se repetem na prática tributária.

4.1 Jogo de sonegação em lançamento por homologação

Considere uma empresa com faturamento y que deve informar sua renda ao fisco, em uma situação típica de lançamento por homologação. Se as informações fossem simétricas entre o contribuinte e o fisco, o primeiro informaria a renda real e pagaria uma fração de $t \in (0,1)$ de sua renda, portanto o valor total do tributo seria de ty. No entanto, há assimetria de informação entre o fisco e o contribuinte, ocorrendo a declaração deste e depois o fisco confia na informação ou audita.

Assim, como as informações não são as mesmas para todos os jogadores, o contribuinte pode declarar que teve um faturamento de $x \in [0, y]$. À vista disso, como ocorre com esse tipo de lançamento, a empresa informa x e paga imediatamente tx ao fisco. Depois, com uma probabilidade conhecida (ou percebida) de π, o ente público fiscaliza a empresa. Na hipótese de isso ocorrer, o real valor do faturamento é perfeitamente revelado para o fisco. Se $x < y$, o contribuinte paga a diferença entre o real valor e o declarado acrescido de um percentual de multa ($m > 0$) que deve ser multiplicado pela diferença entre o que ela deveria ter pagado e o que realmente pagou, mas ainda inferior ao total do faturamento,[36] ou seja, matematicamente significa que $1 - (1 + m)t > 0$.

Isso significa que o contribuinte escolhe o valor a declarar entre zero e o faturamento real. Para a tomada desta decisão, vamos considerar que a empresa delibera baseada exclusivamente no interesse em ter o maior faturamento líquido possível. Isto significa que sua definição tem como objetivo maximizar a função utilidade de sua riqueza esperada. Por outro lado, o fisco objetiva arrecadar o máximo possível.

Para representar as funções utilidades, suporemos, para facilitar a análise, mas sem prejuízo de generalidade, que se trata de uma função utilidade de Bernoulli estritamente crescente. Para o consumidor, usaremos a função $u(W)$, onde W é a riqueza final, incorporando o risco (α). Por outro lado, a função utilidade do fisco é $f(\alpha, m)$, dependente da possibilidade de auditoria e o percentual da multa imposta em caso de descobrir sonegação.

Essa situação corriqueira para o Direito Tributário pode ser expressa como um jogo da seguinte forma:

Jogadores: F = Fisco; C = Contribuinte.
Conjunto de estratégias:
Estratégias possíveis do Contribuinte – $E_c = x \in [0, y]$;
Estratégias possíveis do Fisco – $E_f = \alpha \in [0,1] \cup 0 > m > \frac{1}{t} - 1$

36 Em outras palavras, a multa tem que ser inferior ao total faturado, respeitando o princípio constitucional do não confisco.

Funções de resultado

A função de maximização do Contribuinte é:

$$\max_{x \in [0,y]} \alpha \cdot u((1 - t(1 + m))y + mtx) + (1 - \alpha) \cdot u(y - tx)$$

A função de maximização do Fisco é:

$$\max_{\alpha \in [0,1], 0 > m > \frac{1}{t} - 1} f(\alpha, m)$$

Considerando que temos um jogo sequencial e repetitivo em que o fisco inicia estabelecendo a probabilidade de fiscalização e os percentuais de multa, seguidos da declaração do contribuinte e depois novo movimento do fisco fiscalizando ou não a empresa, temos múltiplos equilíbrios possíveis a depender dos formatos das funções citadas. Em um primeiro passo, vamos analisar, independentemente das funções, o impacto de algumas variáveis no comportamento do contribuinte.

Para sabermos quais são as soluções ótimas (x^*) para maximizar a satisfação do jogador contribuinte, incluindo as soluções de canto (*corner solution*), podemos calcular as condições de primeira ordem, derivando o problema de maximização.

$$\pi . m . t . u'((1 - t(1 + m))y + m . t . x^*) + (1 - \pi) \cdot (-t)u'(y - t . x^*)$$

A primeira solução de canto é a empresa declarar o real faturamento, ou seja, $x^* = y$.

$$\alpha . m . t . u'((1 - t)y) + (1 - \alpha) . (-t)u'((1 - t)y) \geq 0, \text{ ou seja}$$
$$\alpha . m \geq 1 - \alpha$$

Como isso depende apenas das variáveis definidas pelo Estado (parâmetros externos para o contribuinte), podemos analisar os cenários variando a probabilidade de fiscalização (α), levando para os extremos.

Caso $\alpha \to 1; m \geq 0$, o que é sempre verdade, logo se a probabilidade de fiscalização tender a 100% a estratégia ótima do contribuinte é declarar x* = y.

Caso $\alpha \to 0$; isso implicaria que $0 \geq 1$ o que é uma contradição, logo, se a probabilidade de fiscalização for extremamente baixa, a estratégia do contribuinte não é declarar o faturamento real.

Sob outra perspectiva, a outra solução de canto (o contribuinte declarar nenhum faturamento) seria:

Se x* = 0, então: $\alpha \cdot mtu'((1 - t(1 + m))y) + (1 - \alpha) \cdot (-t)u'(y) \leq 0$, ou seja,

$\alpha . m . u'((1 - t(1 + m))y) \leq (1 - \alpha) \cdot u'(y)$, o que depende apenas dos parâmetros, então podemos supor se a probabilidade de fiscalização (α) for bastante elevada, próximo a 1, teríamos:

$$m . u'((1 - t(1 + m))y) \leq 0$$

Como a multa é um percentual positivo (m> 0) e a função utilidade é estritamente crescente (u' > 0), não é possível termos esse resultado (x* = 0) se α for próximo a 1.

Por outro lado, se a probabilidade de fiscalização (α) for bastante baixa, tendendo a 0, temos:

$$0 \leq u'(y)$$

Como a função utilidade é estritamente crescente (u' > 0), esse resultado é matematicamente adequado. Ou seja, se a probabilidade de fiscalização for próxima a 0, a melhor estratégia para o contribuinte é declarar x = 0.

Por fim, caso não tenhamos a probabilidade de fiscalização tendendo a nenhum dos extremos, então temos um espectro mais amplo. Assim, se $x^* \in (0, y)$, temos:

$$\alpha . m . t . u'\left((1 - t(1 + m))y + m . t . x^*\right) + (1 - \alpha) \cdot (-t)u'$$
$$(y - t . x^*) = 0$$

O que depende também do formato da função utilidade. Para ir além na análise da estratégia do contribuinte, podemos supor que

$u(w) = ln(w)$, já que a função logarítmica cumpre todos os requisitos de uma função de utilidade de Bernoulli. Assim, teríamos:

$$\alpha.m.\frac{1}{(1-(1+m)t)y+mtx^*}-(1-\alpha).\frac{1}{y-t.x^*}=0$$

O que quer dizer

$$x^*=\frac{\alpha.m-(1-\alpha)(1-(1+m)t)}{m.t}y$$

Como é uma solução interna,[37] significa que $x^* \in (0,y)$. Assim, temos que x* é inferiormente limitado por:

$$\frac{\alpha.m-(1-\alpha)(1-(1+m)t)}{m.t}>0$$

Após algumas operações, tem-se:

$$\alpha>\frac{1-(1+m)t}{(1+m)(1-t)}$$

De outra parte, a limitação superior (x* < y), temos que:

$$\frac{\alpha.m-(1-\alpha)(1-(1+m)t)}{m.t}<1$$

Após algumas operações, tem-se:

$$\alpha<\frac{1}{1+m}$$

Ou seja,

$$\frac{1-(1+m)t}{(1+m)(1-t)}<\alpha<\frac{1}{1+m}$$

---

37 É aquela solução de maximização (ou minimizar) que não ocorre no limite superior ou inferior do domínio da função.

Para ilustrar, se tivermos um percentual de tributo de 15% (0.15) e multa de 75% (0.75), teríamos:

$$49{,}58\% < \alpha < 57.14\%$$

Ou seja, a probabilidade de uma fiscalização deve ser suficientemente grande (superior a 57%) para induzir uma declaração real do faturamento pela empresa contribuinte. Mas vale ressaltar que esses valores só valem considerando o tipo de função utilizada, contudo, a lição independe da forma funcional.

Ainda considerando aquela mesma função utilidade em formato logarítmico, para entender os efeitos das variações do faturamento, do percentual do tributo e da multa, podemos analisar as derivadas parciais daquele problema de maximização. Encontramos que:

$\frac{\partial x^*}{\partial \alpha} = \frac{m+[1-(1+m)t]}{m.t}.y > 0$, o que nos diz que um aumento na probabilidade de fiscalização levaria a um aumento no valor declarado pelo contribuinte.

$\frac{\partial x^*}{\partial t} = \frac{y.[1-(1+m)\alpha]}{m.t^2} > 0$, o que nos demonstra haver uma relação direta entre o percentual do tributo cobrado e o valor declarado. Isso pode até parecer contraintuitivo, mas devemos lembrar que o valor da multa é função do valor do tributo, assim, com uma tributação maior, o valor declarado tenderá a ser mais próximo do valor real, devido ao receio de uma multa maior (que é um percentual do tributo total).

$\frac{\partial x^*}{\partial m} = \frac{y.(1-\alpha)(1-t)}{t.m^2} > 0$, essa é a relação mais lógica, pois o percentual da multa deve ser realmente diretamente proporcional ao valor declarado, aproximando-o do real faturamento.

Por simplificação, examinamos apenas o comportamento do jogador contribuinte. A única diferença, se estivéssemos analisando a função utilidade do Fisco, é que deveríamos incluir a variável custo da fiscalização ao desenvolver a função de resultado daquele jogador.

A Conclusão deste jogo é que a veracidade do valor declarado no lançamento por homologação depende, de forma direta, da probabilidade de fiscalização, do percentual da multa e da alíquota da tributação.

4.2 Jogos de financiamento para bens públicos

4.2.1 Definição econômica de bens públicos

A explicação já foi exposta no capítulo 2, mas vale relembrá-la aqui, de modo a facilitar para o leitor.

O conceito jurídico de bem público ou privado depende da sua titularidade, como a maioria dos leitores deve saber. Por outro lado, para a economia, o que caracteriza um bem[38] privado ou público é a presença de duas características: a rivalidade e a excludência.

Rivalidade: essa característica está ligada à impossibilidade de consumo compartilhado, ou seja, o consumo de um bem por um indivíduo impede que todos os outros indivíduos consumam o mesmo bem (José não pode comer simultaneamente a mesma maçã que Maria);

Excludência: é o atributo de um bem que permite ser possível impedir algumas pessoas a consumirem do bem. A ferramenta mais comum de excludência é o preço. (Marcos só come a maçã se pagar o preço de mercado e adquiri-la).

Assim, as distintas combinações dessas duas características configuram diferentes tipos de bens, no sentido econômico. Esta diversidade pode ser vista na figura abaixo:

Figura 24: Classificação dos bens, em sentido econômico

	Excludente	Não Excludente
Rival	Bens Privados	Bens Comuns
Não Rival	Bens de Clubes	Bens Públicos

Fonte: Elaboração própria.

---

38 Para a economia, o conceito de bem é qualquer coisa que possa ser transacionada no mercado, incluindo os serviços.

Além dos bens privados (rivais e excludentes), temos os bens de clube, que se caracterizam por serem não rivais, mas excludentes. Um exemplo de um clube bom é um condomínio horizontal, em que é possível excluir quem não mora no condomínio, mas todos os condôminos podem consumir sem reduzir a oferta para os outros.

Um terceiro grupo de bens é chamado de "recursos comuns" e tem as características de não excludência, mas apresenta rivalidade no consumo. Um exemplo de recurso comum é uma área de pesca no oceano, pois não podemos ambos pescar o mesmo peixe (exato), mas também não há (econômica ou tecnicamente inviável) como impedir que alguém pesque no oceano.

Por fim, os bens não rivais e não excludentes são chamados de bens públicos puros. Um exemplo de bem público é a defesa nacional, pois não é possível excluir alguém (ou todos têm ou nenhum) e não há rivalidade para o consumo (o fato de alguém ter um país mais seguro não impede outras pessoas de consumirem essa segurança) (Kreps, 1990).

Pois bem, vamos discutir especificamente os jogos que envolvem a provisão e financiamento dos bens (e serviços) públicos no sentido econômico e no sentido jurídico e outras questões tributárias.

Estas categorizações dos bens são importantes para o direito tributário, pois só é possível a cobrança de taxa para bens rivais e excludentes (*uti singuli*). Quando o Código Tributário Nacional, no art. 79, diz que as taxas só podem incidir sobre serviços públicos utilizados, específicos e divisíveis, isso significa (em termos econômicos) a possibilidade de excludência e rivalidade.

Para esta situação, vale lembrar a Taxa de Iluminação Pública, que culminou na Súmula 670[39] do Supremo Tribunal Federal. A única forma de pagar por esse bem público (iluminação pública) é através de imposto ou contribuição (como a que foi autorizada pela Constituição, na Emenda Constitucional nº 39/2002).

Considerando todas essas peculiaridades, vamos estudar os jogos (alguns mais pontuais e outros de mercado inteiro) para tentar responder a pergunta: Qual a melhor estratégia para o Estado prover

---

39 "O serviço de iluminação pública não pode ser remunerado mediante taxa."

um bem público, no sentido econômico? E para o fornecimento de outros bens?

4.2.2 O Jogo de mercado para bens públicos

Se formos tratar um bem público típico como um bem privado (onde se usa um sistema de preços), chegaríamos a um resultado subótimo, pois as pessoas não estão dispostas a pagar inteiramente. Vejamos isso.

Suponhamos um jogo de mercado perfeito simplificado em que haja dois jogadores, A e B. Para simplificar, assumiremos que há dois bens, X que é privado (no sentido econômico) e Y que é público. Y é produzido usando contribuições de A e B em termos de x: A tem como estratégia contribuir com x_Y^A para financiar o bem público e B participa com x_Y^B para financiar o mesmo bem público. Assim, o valor total do bem público é $Y = f(x_Y^A + x_Y^B)$.

Suponhamos, ainda, que A e B sejam dotados de $\bar{x}^A$ e $\bar{x}^B$, respectivamente. E seus resultados são decorrentes da função utilidade abaixo:

$$u^A(\bar{x}^A - x_Y^A, Y)$$

$$u^B(\bar{x}^B - x_Y^B, Y)$$

são a utilidade de A e B de seu consumo de X (a diferença entre sua dotação e quanto gastam na produção de Y) e Y (Mas-Collell *et. al.*, 1995; Kreps, 1990). Aqui, a não excludência se reflete no fato de que, não importa quanto você pague, você recebe a mesma quantidade de Y que todos os outros, e Y não é rival no sentido de que o consumo de Y é o mesmo para todos.

O planejador (Estado) deveria escolher o Y (a quantidade de bens públicos) ótimo, da seguinte forma:

$$\max_{x_Y^A, x_Y^B} u^A(\bar{x}^A - x_Y^A, Y) + u^B(\bar{x}^B - x_Y^B, Y) \quad \text{, tal que} \quad y = f(x_Y^A + x_Y^B)$$

Usando $Y = f(x_Y^A + x_Y^B)$ na função de utilidade, o problema de maximização é:

$$\max_{x_Y^A, x_Y^B} u^A(\bar{x}^A - x_Y^A, f(x_Y^A + x_Y^B)) + u^B(\bar{x}^B - x_Y^B, f(x_Y^A + x_Y^B))$$

Assim, a condição de primeira ordem com relação a x_Y^A e x_Y^B é, respectivamente:

$$-u_1^A + u_2^A f' + u_2^B f' = 0$$

$$-u_1^B + u_2^B f' + u_2^A f' = 0$$

Isso implica que $\frac{u_1^A}{u_1^B} = 1$, e também:

$$\frac{1}{f'} = \frac{u_2^A}{u_1^A} + \frac{u_1^B}{u_1^A} = \frac{u_2^A}{u_1^A} + \frac{u_2^B}{u_1^B}$$

Em outras palavras: $\frac{1}{f'} = TMS^A + TMS^B$, onde TMS é a taxa marginal de substituição que mede o quanto o consumidor está propenso a substituir o bem X pelo bem Y. Essa relação é chamada de condição de Samuelson para a otimização do fornecimento de bens públicos. Visto que todos se beneficiam de uma unidade adicional de Y, a troca entre uma unidade adicional de x e f' unidades de Y deve refletir isso. No entanto, um mercado competitivo não leva a esse o resultado. O que acontece em vez disso é que todos definem:

$$TMS = \frac{1}{f'} = \frac{p_y}{p_x}, \text{ o que implica em } TMS^A = \frac{u_2^A}{u_1^A} = \frac{1}{f'}$$

Isso ocorre porque todos pensam apenas em seus benefícios diretos ao decidir quanto do bem público obter, não o benefício para os outros. Além disso, se f' é decrescente em x (retorno marginal decrescente), quanto mais os outros contribuem, menos você desejará contribuir.

O equilíbrio desse jogo gera uma suboferta de recursos para os bens públicos, com uma versão do problema do carona (*free rider*). Isso significa que o mercado competitivo não nos leva ao nível socialmente ideal de bem público. A seguir, vamos perguntar se há alguma maneira de recuperar esse ótimo social por meio de algum tipo de mecanismo de mercado (Mas-Collell *et. al.*, 1995; Kreps, 1990).

Isso justifica a intervenção do Estado para usar impostos a fim de subsidiar bens públicos (*uti universo*).

4.2.3 Jogos (problemas) de aeroportos

Como financiar bens de clube?

Só para relembrar, após estudar a forma tradicional dos bens públicos, podemos passar para os bens de clube. Como vimos, enquanto os bens públicos puros de forma padrão não são rivalizantes nem excludentes, os bens de clube são não rivalizantes e excludentes. Ou seja, são aqueles bens que podemos excluir pessoas de seu consumo, mas várias podem consumir ao mesmo tempo, assim como ocorre com os bens de um clube associativo.

As ideias iniciais dos bens de clube vieram de pesquisas sobre pedágios em estradas feitas por Pigou e Knight em 1920 e 24. Embora o uso dessas estradas não afetasse significativamente o curso que foi percorrido, o acesso aos pedágios exigia pagamento, o que pode restringir os caronas (*free-riders*). O assunto foi muito analisado pelo economista James Buchanan, mas persiste a dificuldade de sobre a forma mais eficiente de pagar por esses bens. Deve ser por imposto? Por taxa? Ou por preço público? O serviço ou bem é *uti singuli* (bens privados clássicos) ou *uti universi* (bens públicos clássicos)?

A dificuldade de financiamento dos bens de clube surge da necessidade de captar recursos para a sua provisão, uma vez que o acesso exclusivo ao bem implica em cobrança de taxas ou mensalidades. Porém, a oferta desse tipo de bem pode enfrentar dificuldades de financiamento, pois os indivíduos podem não estar dispostos a pagar pelo acesso exclusivo a um bem, especialmente se houver alternativas similares no mercado.

Além disso, a provisão de bens de clube também pode enfrentar dificuldades em relação ao seu fornecimento, uma vez que o seu caráter exclusivo pode limitar a sua escala de produção e distribuição, tornando os custos de oferta elevados em relação a outros tipos de bens.

Uma das formas analisadas para gerar um financiamento eficiente é através dos jogos de aeroporto, como veremos abaixo:

O jogo de aeroporto foi inicialmente estudado no artigo "A simple expression for the Shapley Value in a Special Case"[40] de Littlchild e Owen, em 1973.[41] Este modelo foi proposto como uma solução para a decisão sobre a distribuição dos custos de um aeroporto dentre os diferentes tipos e tamanhos de aviões que decolam ou pousam no aeroporto. A ideia trabalhada neste jogo (pelos autores originais e pelos vários trabalhos que sucederam) pode ser usada para as várias situações que são remuneradas através de taxas (ou, eventualmente, de tarifas). Vamos seguir a ideia original do jogo que trata dos serviços de oferta de aeroporto para os aviões (considerando como ser não fossem organizados em empresas aéreas, ou seja, de modo cada aeronave como um jogador).

Para esse jogo, tome-se N_t para denotar o conjunto de jogadores do tipo t, para $t = 1, \dots, m$, onde $n_t > 0$ é o número de jogadores do tipo t, e o custo associado a cada um deles é representado por c_t (custo da aeronave do tipo t), sem perda de generalidade, os tipos podem ser ordenados de modo que $0 = c_0 < c_1 < c_2 < \cdots < c_m$. Assume-se que o conjunto finito de todos os movimentos possíveis N seja $N := \bigcup_{t=1}^{m} N_t$.

Os jogos de fornecimentos de bens de clube,[42] como um aeroporto associado aos elementos acima, são do tipo de jogos cooperativos[43] com o conjunto N de jogadores e com função característica superaditiva[44] c, $\forall S \subset N, S \neq \emptyset$,

$$v(S) := -max\{c_t : S \cap N_t \neq \emptyset\}$$[45]

Já que o tamanho da pista depende do tipo de aeronaves (para facilitar a análise, vamos supor que aviões maiores precisam de pistas

---

40 O valor de Shapley é um conceito de jogos cooperativos que designa uma distribuição do excedente criado pela coalizão entre os jogadores

41 Management Science, Vol. 20, Nov, 1973.

42 Boa parte dos bens ofertados pelo Estado se enquadram nesta categoria, em especial no setor de infraestrutura.

43 TU – *Transferable Utility – Games.*

44 Um tipo de jogo "superaditivo", ou seja, o todo é maior que a soma das partes, ou seja, $f(x \cup y) \geq f(x) + f(y)$.

45 O sinal de menos foi acrescentado para focar no benefício da coalizão.

maiores), o subgrupo da coalisão S (subconjunto dos jogadores – aviões menores) não deve ser responsável pelo custo associado à manutenção da pista ser maior. Assim, em uma pista longa podem pousar aviões grandes e pequenos, mas esses não se beneficiam com o tamanho "adicional" da pista.

Para este problema, as possibilidades da regra de alocação correspondem com as perdas dos jogadores, isto é, o oposto do valor de Shapley[46] pode ser visto como a tarifa a ser paga para cada movimento.

No estudo citado (Littlchild; Owen, 1973), os autores provaram que dado um problema de aeroporto, para cada tipo de aeronave $t \in \{1, \cdots, m\}$com um número total de movimentos de aviões maiores ou iguais aos do tipo t dado por $r_t := \sum_{j=t}^{m} |N_j|$, pode ser computado,$\forall i \in N$, por:

$$\Phi_i(v) = \sum_{t=1}^{t_i} \frac{-(c_t - c_{t-1})}{r_t}$$

A lógica desse jogo, como dito acima, pode ser aplicada pelo ente público (diretamente ou pelos concessionários de serviço público) quando forem estabelecer o valor de uma taxa ou de uma tarifa em que os beneficiários do serviço usufruam de maneiras diferentes do bem ofertado.

A ideia central é que quando o benefício do bem tem pesos distintos, de acordo com a estrutura de custos (como ocorre com aeroportos e portos), a melhor forma de pagar pelo bem é encontrando o valor de Shapley.

Esse método pode ser aplicado em diferentes contextos, inclusive para determinar a forma como uma taxa de aeroporto deve ser dividida entre as companhias aéreas que utilizam o aeroporto. Nesse contexto, o valor de Shapley pode ser utilizado como uma forma de determinar a contribuição de cada companhia aérea para os custos operacionais do aeroporto. A ideia é que cada companhia aérea pague uma taxa proporcional ao seu uso do aeroporto, levando em consideração fatores como a frequência de voos, o número de passageiros

---

46 Este valor é uma solução em jogos cooperativos com utilidade transferível. Em um jogo (N,v), pode ser expresso como $\phi_i(N, v) = \frac{1}{N!} \sum_{S \subseteq N\{i\}} |S|! (|N| - |S| - 1)! [v(S \cup i) - v(S)]$.

transportados e o tipo de aeronave utilizada. Ao utilizar esse cálculo como forma de pagamento da taxa de aeroporto, é possível garantir que cada companhia aérea contribua de forma justa e equitativa para os custos operacionais do aeroporto, evitando que algumas companhias aéreas arquem com uma parcela desproporcional desses custos.

Assim, se o ente público escolhe a estratégia de cobrar o valor de Shapley como forma de pagamento pelo uso dos bens de clube, após análise cuidadosa dos dados e das características do mercado em questão, a estratégia dominante dos outros jogadores passa a ser o uso ideal, sem levar à tragédia dos comuns.

4.3 O jogo do preço de transferência

O preço de transferência é um conceito muito importante para empresas multinacionais que possuem unidades de negócio em diferentes países. Essas empresas precisam estabelecer preços para as transferências internas de bens e serviços entre suas unidades, o que pode ter implicações fiscais e estratégicas.

Na teoria dos jogos, o preço de transferência pode ser modelado como um jogo de duas empresas (ou unidades de negócio) que competem entre si. Cada empresa escolhe um preço para a transferência de bens ou serviços, e o lucro de cada uma depende tanto do seu próprio preço quanto do preço escolhido pela outra empresa.

As empresas podem ter estruturas de custos diferentes e podem enfrentar restrições regulatórias ou fiscais que limitam a faixa de preços disponíveis para elas. Além disso, as empresas podem ter informações assimétricas sobre os custos e preços da outra empresa, o que pode levar a comportamentos estratégicos.

A decisão de uma empresa multinacional sobre os preços de transferência pode ser modelada como um jogo de informações incompletas, sendo uma abordagem mais realista. Nesse caso, cada empresa teria informações privadas sobre seus próprios custos e/ou preços e a incerteza sobre as informações da outra empresa seria incorporada ao modelo. Isso poderia levar a estratégias mais complexas, como a escolha de preços de transferência em diferentes níveis de qualidade ou a sinalização de informações para tentar influenciar o comportamento da outra empresa.

A escolha do preço de transferência por uma empresa multinacional influencia os preços de transferência escolhidos por outras empresas, alterando a probabilidade comum de detecção de sonegação de impostos e, portanto, ganhos líquidos dos preços de transferência para outras empresas.

O modelo simplificado, baseado em Bloch e Lefebvre (1999) e Gangopadhyay (2007), tem como jogadores duas empresas multinacionais {i = 1,2} que produzem e vendem em dois países {p = 1,2}. Essas empresas tentam maximizar os lucros após impostos, escolhendo preços de transferência apropriados, considerando as alíquotas de imposto escolhidas independentemente pelas autoridades fiscais desses dois países. Assumimos que esses tributos sejam um fato externo para essas empresas. Escrevemos funções de lucro, seguindo como:

$$\pi_1 = (1 - t_1).(\phi_1.X_1 + S_1 - C(X_1) + (1 - t_1).(R(X_1) - S_1 - \phi_1.X_1)$$

$$\pi_2 = (1 - t_2).(\phi_2.X_2 + S_2 - C(X_2) + (1 - t_2).(R(X_2) - S_2 - \phi_2.X_2)$$

Vale deixar claro que t_p é a alíquota do tributo no país p, X_i é a produção produzida pela empresa i, $C(X_i)$ é o custo de produção da empresa i, $R(X_i)$ é a receita total antes de impostos de empresa i, π_i é o lucro após impostos da empresa i e ϕ_i é o preço de transferência escolhido pela empresa i, S_i é a receita real da empresa i no país. A autoridade fiscal do país p impõe uma penalidade de T_p nos preços de transferência de valor $T_p = (\frac{\Phi_p^2}{2})$, e, sem perda de generalidade, assumimos que $t_1 > t_2$.

Além disso, definimos ρ como a probabilidade, de conhecimento comum, de detectar evasão fiscal nos dois países e supomos que ρ seja:[47]

$$\rho = 1 - \phi_1.\phi_2$$

47 Essa suposição exige que a autoridade fiscal de cada país precise ter provas da autoridade do outro país para detectar e estabelecer sonegação de impostos através de preços de transferência. Entendemos que essas autoridades fiscais, de cada um dos países, reservam independentemente recursos fixos para detectar e penalizar os preços de transferência. Essa suposição exige que quanto maior a sonegação, na forma de preços de transferência (ϕ_i), esses recursos serão mais ampliados na sua detecção.

Verificamos que existe um equilíbrio com a divulgação perfeita das informações empresariais, como um equilíbrio tal que $\phi_1 = \phi_2 = 0$, que é uma solução de canto, ou seja, os jogadores decidem que a estratégia deve ser não praticar o preço de transferência como uma ferramenta do planejamento tributário.

Outro equilíbrio ocorre com a assimetria de informações (os jogadores não informam o preço real, para adequar seu planejamento). Esse equilíbrio é definido como: $\phi_1 = (C(X_1) - S_1)/X_1$ $\phi_2 = (R(X_2) - S_2)/X_2$.

O problema econômico da empresa i é maximizar os lucros esperados $\mathrm{E}(\pi_i) = (1-\rho).(\pi_i - \rho T_i)$. É importante observar que a função de lucro esperado $\mathrm{E}(\pi_i)$é uma função não linear de ϕ_i (essa variável está presente através do ρ e do T_i. Para simplificação, assumimos $S_1 = S_2 = 0$ sem nenhuma perda, assim, a condição de primeira ordem da maximização do lucro para a firma i que produz seguindo a função de reação em função de ϕ_i:$\left(\frac{\phi_i}{\phi_j}\right) = F(\phi_i)$.

$$F(\phi_i) = \left(\frac{\phi_i}{\phi_j}\right) = 2.\phi_i(t_j - t_i)X_i + 1{,}5.\phi_i^2 + [(1-t_j)R(X_i) - (1-t_i)C(X_i)]$$

O jogo proposto pode ser caracterizado por dois equilíbrios estáveis (divulgação parcial), separados por um equilíbrio instável de Nash (de divulgação total e sem preço de transferência) e uma zona de equilíbrio com estratégias mistas, o que leva aos usuais problemas de coordenação. Caso desejem se aprofundar nas provas matemáticas, sugerimos ler os dois artigos citados no início deste tópico.[48] Também é demonstrado que uma saída temporária de um resultado de equilíbrio pode ter consequências duradouras e de longo alcance. É provável que surja uma dinâmica complexa envolvendo preços de transferência. A história e as expectativas podem estabelecer um resultado de equilíbrio, ou seja, a conclusão é similar à do jogo da sonegação tributária, podendo ser caracterizado como uma subespécie daquele jogo.

---

[48] Bloch e Lefebvre (1999) e Gangopadhyay (2007).

A grande conclusão desse jogo é que a estratégia de usar preços de transferência (não transparência total) é uma estratégia válida e benéfica para empresas em vários cenários que podem ser analisados com base no histórico de fiscalização da Receita Federal do Brasil.

4.4 O jogo do ônus tributário

Quem arca com a carga tributária? Decisão de repassar ou não para o consumidor final e decisão sobre o valor ótimo da tributação.

Quem sofre com o imposto? Muitos pensam que o empresário sempre passa para o consumidor, mas será que isso ocorre? E se o sujeito passivo for o consumidor?

Diferentemente do que comumente se acredita, o ônus tributário não está relacionado com a responsabilidade do recolhimento do tributo. Para se estudar essa questão, vamos usar o jogo (no sentido amplo) de mercado, com a simplificação de os ofertantes serem um jogador e os demandantes serem outro participante (Mas-Colell *et al.*, 1995; Kreps, 1990).

Vamos supor que a responsabilidade pelo recolhimento dos impostos sobre vendas recaia sobre os vendedores, não sobre os consumidores. Considere um tributo "t" por qualquer unidade de um bem. Como o ofertante é o responsável pelo recolhimento tributário, as curvas de mercado são dependentes do preço (seja o preço pago pelos compradores – P_D – que é mais que o valor recebido pelos ofertantes – P_O[49]). Desse modo, sejam D (P_D) = O (P_O) = O (P_D - t). Diferenciando rendimentos, em função de t, temos:

$$D_P \frac{dP_D}{dt} = O_P \frac{dP_D}{dt} - O_p$$

$$\frac{dP_D}{dt} = \frac{O}{O_P - D_P} = \frac{\varepsilon_O}{\varepsilon_O - \varepsilon_D}$$

Ou seja, dada uma variação no tributo, o preço demandado muda de acordo com as elasticidades da curva de oferta dividido pela

[49] Perceba que o valor pago pelo consumidor não vai inteiramente para o ofertante, tendo que retirar uma diferença que é o tributo "t".

diferença entre as elasticidades-preço da oferta e da demanda. De modo similar,

$$\frac{dP_O}{dt} = \frac{\varepsilon_D}{\varepsilon_O - \varepsilon_D}$$

Combinando as duas equações:

$$\frac{dP_O/dt}{dP_D/dt} = \frac{\varepsilon_D}{\varepsilon_O}$$

A resposta àquela pergunta inicial, sobre quem arca com a exação, não depende da identificação do sujeito tributário passivo, mas de elementos de mercado, como a elasticidades-preços da demanda e da oferta.

A título de esclarecimento, lembramos que a elasticidade é uma medida da sensibilidade de uma variável a uma mudança em outra variável, mais comumente essa sensibilidade é a mudança na quantidade demandada ou ofertada em relação a mudanças em outros fatores, como o preço.

A elasticidade-preço mostra a variação percentual da quantidade demandada de acordo com a variação dos preços, representada matematicamente por $\epsilon_x = \frac{\Delta Q_x/Q_x}{\Delta P_x/P_x}$, podendo ser calculada tanto para a oferta ou para a demanda, mudando apenas a quantidade em questão.

Se falarmos na elasticidade-preço da demanda, estamos nos referindo à variação percentual da quantidade demandada quando há uma variação no preço. Por exemplo, se uma redução no preço em 50% implica um aumento de consumo em 10%, isso significa uma elasticidade-preço da demanda de –0,2.

$$\epsilon_x = \frac{\Delta Q_x/Q_x}{\Delta P_x/P_x} = \frac{0{,}1}{-\,0{,}5} = -0{,}2$$

Assim, a elasticidade apresenta uma importante medida sobre a característica do bem no mercado, mas antes disso vamos a uma questão de nomenclatura:

Elasticidade da demanda	Nomenclatura
$\epsilon = \frac{Variação\ percentual\ da\ quantidade}{Variação\ percentual\ da\ variável} = \infty$	Perfeitamente elástica
$\epsilon = \frac{Variação\ percentual\ da\ quantidade}{Variação\ percentual\ da\ variável} > 1$	Elástica
$\epsilon = \frac{Variação\ percentual\ da\ quantidade}{Variação\ percentual\ da\ variável} = 1$	Unitária
$\epsilon = \frac{Variação\ percentual\ da\ quantidade}{Variação\ percentual\ da\ variável} < 1$	Inelástica
$\epsilon = \frac{Variação\ percentual\ da\ quantidade}{Variação\ percentual\ da\ variável} = 0$	Perfeitamente Inelástica

Voltando ao seu impacto na alocação do ônus fiscal, podemos ver que a parte mais inelástica na transação experimentará a maior parte da mudança de preço associada a um aumento em um imposto. Por exemplo, um tributo sobre um produto com demanda inelástica (que não é tão sensível ao preço), como o cigarro, faz com que o ofertante repasse o encargo para o consumidor.[50] Podemos ver o que ocorre graficamente:

[50] É a ideia subjacente à chamada "extrafiscalidade", ou *excise tax*, i.e, tributo não arrecadatório, aplicado com o fim de (des)incentivar determinadas condutas, tidas como nocivas e potencialmente geradoras de externalidades negativas. Exemplo mais comum é o tributo ambiental ou pigouviano (por conta do economista Arthur Pigou), mas o tributo sobre o tabaco tem a mesma lógica. Se o ônus é repassado ao consumidor, este tem o bem que pretende adquirir encarecido pelo tributo, podendo ser um componente (custo) que o incentive a consumi-lo menos. Contudo, nem sempre esta política fiscal é eficiente e eficaz. Para que haja real inelasticidade da demanda é necessário que não haja bem substituto. Ocorre que no caso do Brasil, onde o cigarro é tributado extrafiscalmente pelo IPI – Imposto sobre Produtos Industrializados sob sua alíquota máxima, existe a concorrência do cigarro contrabandeado, especialmente para a população de baixa renda, justamente o pior cenário, pois o eventual fumante de alta renda não se sensibilizará com o produto oficial mais caro. Sendo assim, o fumante de baixa renda migra para o cigarro ilegal, potencialmente mais danoso para sua saúde, uma vez que sequer passa pelos controles e fiscalizações fitossanitárias. Nesse sentido, ocorre a lei econômica das consequências não previstas, uma espécie de tiro pela culatra no que se refere à intenção do legislador, sendo o feito exatamente o oposto ao desejado.

Figura 25: Efeitos dos tributos em dois mercados

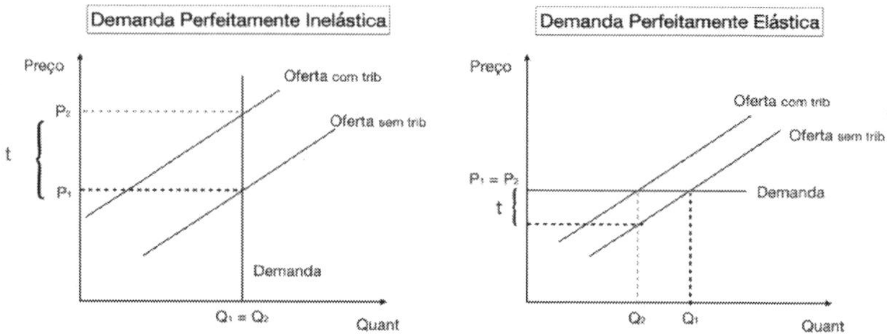

Fonte: Elaboração própria.

Naquele com a demanda perfeitamente inelástica, o consumidor arcará com todo o custo do tributo, enquanto em um mercado com demanda perfeitamente elástica, o fornecedor que terá que pagar. O mesmo ocorreria se analisássemos a elasticidade da oferta.

Podemos representar o jogo através dos seguintes elementos:

Jogadores: Dois jogadores, sendo um o agregado de demandantes e o outro agente o agregado de ofertantes, como se o agregado agisse como um só. i = {Demandantes, Ofertantes}
Estratégias possíveis: Demandantes = D (P_D)
Ofertantes = O (P_O)
Preferências: decisões de maximização (seja do lucro – por parte do ofertante, seja da utilidade – por parte do demandante.)

Para facilitar a visualização dos equilíbrios, vamos usar os gráficos com as curvas "normais" de oferta e de demanda e do impacto:

Figura 26: Sujeição passiva de um imposto não afeta o equilíbrio ou os preços pós-impostos pagos pelos compradores ou vendedores

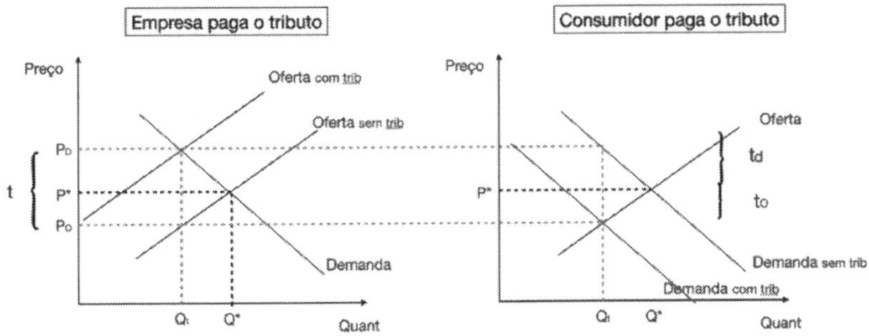

Fonte: Elaboração própria.

Ou seja, a solução de equilíbrio do jogo sobre a alocação da exação tributária não depende do sujeito passivo, mas da elasticidade-preço da curva de demanda e da curva de oferta, ou seja, da sensibilidade dos jogadores à variação de preços. No exemplo acima, ambos pagam parte do tributo, o consumidor (demandante) paga o referente a t_d, enquanto os vendedores (ofertantes) pagam a parcela de t_o.

Vale lembrar que isso ocorre quando estamos lidando com mercado de concorrência perfeita, se houver falhas de mercado (como poder de monopólio para uma das partes), a alocação da carga tributária será diferente. Seria uma realidade distinta do modelo proposto por esse jogo desenhado, mas a principal lição que devemos aprender desse jogo é que em mercados normais (sem oferta ou demanda perfeitamente elástica ou inelástica) o ônus tributário é suportado tanto pelos demandantes como pelos ofertantes, independentemente do sujeito passivo da obrigação tributária.

4.5 Papel do Estado

Quando um imposto por unidade t é cobrado, ele gera uma perda conhecida como peso morto, que é uma redução no bem-estar da sociedade devido à alocação inferior ao ideal, além de apropriação de parcela do excedente do consumidor e do produtor por parte do Estado.

O governo arrecada receitas iguais à quantidade comprada vezes a taxa de imposto, e os consumidores obtêm excedente igual à área (integral da função) sob a curva de demanda menos o preço pago pelos consumidores (P_D), e os produtores obtêm excedente igual à área (integral da função) sob a curva de oferta, que é equivalente ao dinheiro que recebem por transação dado o $P_O = (P_D - t)$. Como o resultado dos preços é diferente com o tributo, algum excedente é perdido. A soma da receita estatal (área verde), o excedente do consumidor (área vermelha) e o excedente do produtor (área azul) é menor do que sua soma sem o tributo. Isso significa que a exação fiscal, em certo sentido, reduziu o bem-estar total da sociedade na área cinza que é conhecido como peso morto (*deadweight loss*). Podemos ver isso na figura abaixo:

Figura 27: Peso Morto decorrente do tributo

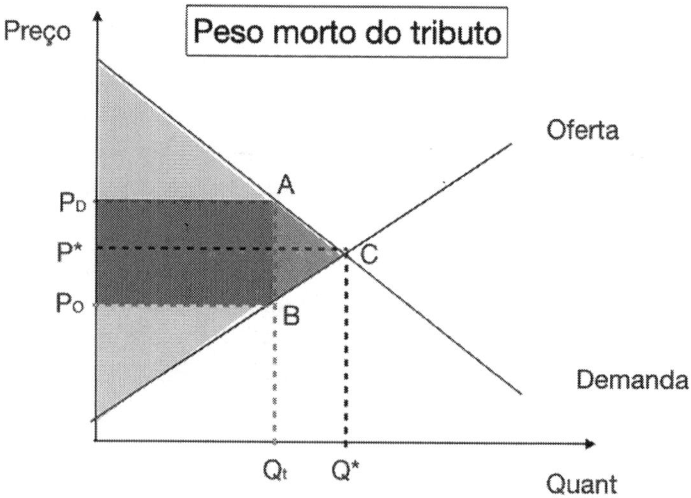

Fonte: Elaboração própria.

Isso significa que em relação ao caso sem o imposto, algum excedente é perdido. A soma das receitas do governo, do excedente do consumidor e do excedente do produtor é menor do que sua soma sem impostos. Esta redução é exatamente a área acinzentada (triângulo ABC), significando que o imposto reduziu o bem-estar total da sociedade. Se o governo pudesse encontrar uma maneira de aumentar as receitas que não tivesse esse efeito de distorção (talvez impostos globais), então haveria mais riqueza total na sociedade.

Desta forma, a estratégia do governo em tributar deve considerar esse impacto na sociedade, tanto em termos de produção como considerando a redução do bem-estar da sociedade. Trata-se de um *trade off* inevitável, pois é impossível manter o Estado (mesmo que o estado mínimo) sem tributos. Mas a troca pode ser menos ruim se o tributo for o mais próximo do "ótimo", conforme já exposto tópicos atrás, em outras palavras, mais simples, mais neutro e mais uniforme.

4.5.1 Estratégia de tributar do Estado

O Estado deve decidir sua estratégia em tributar, mas deve considerar que o comportamento da sociedade vai se adaptar à tributação imposta. Nesse contexto, podemos relembrar o conceito da curva de Laffer, sugerindo que, em algumas circunstâncias, o aumento da alíquota não vai gerar um incremento de arrecadação, assim como a redução das taxas de impostos pode levar a um aumento da receita fiscal do governo, uma vez que pode incentivar a atividade econômica e, consequentemente, gerar mais impostos. A curva pode ser descrita visualmente da seguinte forma:

Figura 28: Curva de Laffer

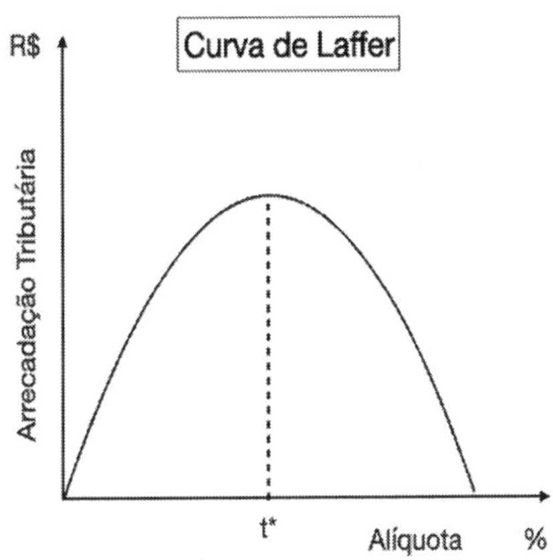

Fonte: Elaboração própria.

Na teoria dos jogos, os jogadores tomam decisões estratégicas com base nas ações dos outros jogadores e nas informações disponíveis. No caso da curva de Laffer, o governo é o jogador que está tomando decisões estratégicas sobre a taxa de impostos, enquanto os contribuintes são os outros jogadores que estão respondendo às mudanças nas taxas de impostos.

Quando a alíquota de impostos é muito alta, os contribuintes podem ser desestimulados a trabalhar, investir ou produzir, já que uma parcela significativa do seu rendimento será destinada ao pagamento de impostos. Nesse caso, a redução da taxa de impostos pode levar a um aumento da atividade econômica e, consequentemente, gerar mais impostos. Por outro lado, se a taxa de impostos for muito baixa, a receita fiscal do governo pode diminuir, já que a redução dos impostos não é suficiente para compensar a queda na receita fiscal.

Assim, a curva de Laffer sugere que existe um ponto ótimo de taxação que maximiza a receita fiscal do governo. Esse ponto pode ser encontrado por meio de análises empíricas e estatísticas que levam em consideração as características específicas da economia em questão.

Podemos apresentar a curva de Laffer como um jogo extensivo com dois jogadores: o Estado e um contribuinte. Os elementos do jogo são os seguintes: Jogadores = {Estado, Contribuinte}; conjunto de estratégias: Estratégia Estatal = [0,1], representando a alíquota a ser cobrada sobre a renda do contribuinte; Estratégia do contribuinte = {trabalhar mais, trabalhar menos}. Nesse jogo, o Estado sabe qual é a receita fiscal atual e quanto é arrecadado em impostos, mas não sabe qual será a escolha do contribuinte; por sua vez, o contribuinte sabe qual é a estrutura tributária e quanto é o seu rendimento.

O Estado toma a primeira decisão, escolhendo se aumenta ou reduz a taxa de impostos. Em seguida, o Contribuinte toma a sua decisão, escolhendo trabalhar mais ou trabalhar menos, dependendo dos tributos definidos pelo Estado, sua função de ação objetiva a maximização de sua utilidade. Com base nas decisões tomadas, a receita fiscal do Estado é calculada e o jogo é finalizado.

O objetivo do jogo é maximizar a receita fiscal do Estado. Se a alíquota de impostos for muito alta, o Contribuinte pode decidir trabalhar menos, o que pode levar a uma queda na receita fiscal do

Estado. Por outro lado, se a taxa de impostos for muito baixa, o Contribuinte pode decidir trabalhar mais, mas a queda na receita fiscal pode ser maior do que o aumento no imposto arrecadado.

Assim, o Estado precisa escolher a taxa de impostos que maximiza a receita fiscal, considerando as decisões que serão tomadas pelo Contribuinte. Esse ponto ótimo de taxação é o ponto máximo da curva de Laffer.

No entanto, é importante destacar que a aplicação da curva de Laffer depende de diversos fatores, como a elasticidade da demanda por trabalho e os efeitos de longo prazo sobre a economia.

DESIGN DE MECANISMOS NOS JOGOS TRIBUTÁRIOS: TRANSAÇÃO, REFORMA, GUERRA FISCAL E LITIGIOSIDADE

5.1 Desenhos de mecanismos

Os modelos iniciais dos jogos advieram da teoria econômica clássica que, ao responder indagações sobre como alocar mais eficientemente os recursos escassos, oferecia respostas baseadas nas ideias de informação perfeita e ausência de custos de transação, baseada na teoria do preço.[51] É necessário considerar então, segundo Myerson, um deslocamento de perspectiva. A busca da eficiência não deve mirar somente a alocação dos recursos, mas também considerar os incentivos envolvidos.

Muitos dos jogos estudados aqui foram construídos com base nas premissas do Desenho de Mecanismos que tenta transformar abstratos conceitos em soluções reais para problemas existentes. De tal sorte que o grande objetivo é a melhoria do funcionamento dos mercados, procurando estabelecer os incentivos corretos. Os mecanismos de alocação de recursos, por exemplo, podem assegurar um eficiente nível de provisão de bens públicos.

Existem várias ilustrações famosas sobre possíveis mecanismos; uma das mais famosas é a narrada na própria bíblia (I Reis 3:16-27):

[51] MYERSON, Roger. Perspective on Mechanism Design in Economic Theory. *Nobel Prize Lecture*, dec 8, 2007. Disponível em: http://home.uchicago.edu/~rmyerson/. Acesso em: 21 fev. 2024.

> 16 Então, vieram duas mulheres prostitutas ao rei e se puseram pe-
> rante ele. 17 E disse-lhe uma das mulheres: Ah! Senhor meu, eu e esta
> mulher moramos numa casa; e tive um filho, morando com ela na-
> quela casa. 18 E sucedeu que, ao terceiro dia depois do meu parto,
> também esta mulher teve um filho; estávamos juntas, estranho ne-
> nhum estava conosco na casa, senão nós ambas naquela casa. 19 E de
> noite morreu o filho desta mulher, porquanto se deitara sobre ele. 20
> E levantou-se à meia-noite, e me tirou a meu filho do meu lado, dor-
> mindo a tua serva, e o deitou no seu seio, e a seu filho morto deitou
> no meu seio. 21 E, levantando-me eu pela manhã, para dar de mamar
> a meu filho, eis que estava morto; mas, atentando pela manhã para
> ele, eis que não era o filho que eu havia tido. 22 Então, disse a outra
> mulher: Não, mas o vivo é meu filho, e teu filho, o morto. Porém esta
> disse: Não, por certo, o morto é teu filho, e meu filho, o vivo. Assim
> falaram perante o rei.
> 23 Então, disse o rei: Esta diz: Este que vive é meu filho, e teu filho,
> o morto; e esta outra diz: Não, por certo; o morto é teu filho, e meu
> filho, o vivo. 24 Disse mais o rei: Trazei-me uma espada. E trouxeram
> uma espada diante do rei. 25 E disse o rei: Dividi em duas partes o
> menino vivo: e daí metade a uma e metade a outra. 26 Mas a mulher
> cujo filho era o vivo falou ao rei (porque o seu coração se lhe enter-
> neceu por seu filho) e disse: Ah! Senhor meu, dai-lhe o menino vivo
> e por modo nenhum o mateis. Porém a outra dizia: Nem teu nem
> meu seja; dividi-o antes. 27 Então, respondeu o rei e disse: Dai a esta
> o menino vivo e de maneira nenhuma o mateis, porque esta é sua
> mãe.

O Rei Salomão usou um mecanismo para revelar a real informação de ambas as mães; já é normal supor que a verdadeira mãe, tomada pelo instinto maternal, renunciaria a seu pedido para que a criança não fosse morta. Em uma perspectiva econômica, de maneira "sábia", o rei usou um "incentivo" para revelar a informação inexistente de quem seria a verdadeira mãe, mandando entregar-lhe o bebê vivo.

O design de mecanismos é uma área da teoria dos jogos que se concentra em projetar incentivos e regras que motivem os jogadores a agirem de maneira que alcancem um objetivo desejado. No contexto da legislação tributária, o design de mecanismos pode ser usado para criar um sistema tributário que incentive os agentes a agirem de maneira que maximizem a arrecadação de impostos e minimizem a evasão fiscal.

Esse tipo de análise pode ajudar a simplificar o sistema tributário, tornando-o mais fácil de entender e cumprir por parte dos contribuintes. No entanto, o design de mecanismos também tem desafios. É necessário equilibrar os incentivos fiscais com outras considerações, como a justiça social e a eficiência econômica. Além disso, o design de mecanismos é muitas vezes complexo, exigindo análises cuidadosas e modelagem de dados para avaliar a eficácia das políticas tributárias.

Aqui usaremos da maneira que nos pareceu mais simples, tentando usar apenas o necessário de notação matemática, para não confundir ou desincentivar o leitor.

5.2 Jogos de barganha (transação tributária)

Importante mencionar que o instituto da transação tributária foi inserido no sistema tributário brasileiro já em 1966, quando o Código Tributário Nacional foi promulgado (Lei nº 5.172), conforme o seu artigo 171: "A lei pode facultar, nas condições que estabeleça, aos sujeitos ativo e passivo da obrigação tributária celebrar transação que, mediante concessões mútuas, importe em determinação de litígio e consequente extinção de crédito tributário".

Demorou décadas, entretanto, para que o instituto fosse efetivado em nosso sistema, muito por conta, como já exposto em tópico anterior, de preconceito da dogmática do direito público, consubstanciado no princípio da indisponibilidade do bem público. O argumento seria de que não pode o Estado transacionar com bem que é da coletividade (lhe é indisponível) renunciar a parte dele, como é pressuposto em qualquer acordo (Gico Jr., 2020 e Fux e Bodart, 2020).

Felizmente, os legisladores se deram conta de que o bem público pode ser afetado de forma mais grave pela morosidade e ineficácia do processo tributário, justamente pela então impossibilidade de realizar acordos. Há diversos trabalhos empíricos que demonstram que a taxa de sucesso – leia-se conversão em renda para a fazenda pública – nos processos de execução fiscal beirava a menos de 10%. Ou seja, de cada 10 processos, menos de um deles, ainda que com vitória do fisco, resultava em dinheiro para a fazenda pública. Portanto, o custo de oportunidade era imenso, contabilizando nisso anos de espera, custo com juízes, procuradores, advogados e demais recursos que poderiam ser alocados muito mais eficientemente em atividades produtivas.

O município de Blumenau foi pioneiro ao instituir a transação pela Lei nº 8.532/17. O Estado de São Paulo também a instituiu, pela Lei nº 17.293/20 e, em nível federal, a União também introduziu o instituto, primeiro pela Medida Provisória nº 899/19, posteriormente convertida na Lei nº 13.988/20. O instituto é sobremodo relevante para a Análise Econômica do Direito, pois evita as chamadas "soluções de canto", estudadas pela Escolha do Consumidor na Microeconomia, que significa alternativas extremadas por um bem ou por outro, sem possibilidade de troca (taxa marginal de substituição). Em outras palavras, impossibilidade uma decisão que combine os interesses em jogo, no caso, um acordo. A transação veio a remediar esse problema, como veremos a seguir pela ótica da teoria dos jogos.

A teoria dos jogos pode ser aplicada na fase de negociação e acordos entre as partes envolvidas em um processo tributário. A negociação pode ser vista como um jogo entre as partes, em que cada um busca maximizar seus próprios interesses. O conceito de Equilíbrio pode ser utilizado para analisar a negociação, ajudando as partes a encontrar um acordo mutuamente benéfico.

No dilema básico de negociação de duas pessoas descrito por Nash, a negociação é uma circunstância em que as pessoas têm a oportunidade de chegar a um acordo mutuamente vantajoso; há um conflito de interesses sobre qual acordo alcançar; e nenhum acordo pode ser imposto a um participante sem o consentimento desse jogador.

A formulação de Nash assume o seguinte: quando dois jogadores negociam ou um árbitro imparcial arbitra, as alocações de pagamento que os dois jogadores eventualmente recebem devem depender exclusivamente dos pagamentos que eles esperariam se a negociação ou arbitragem não conseguisse chegar a um acordo; e do conjunto de alocações de pagamento que são conjuntamente viáveis para os dois jogadores durante o processo de negociação ou arbitragem.

A solução para o jogo de negociação de dois jogadores é o par (F, v), onde F é o conjunto viável e v é o ponto de desacordo. Nessa situação, F é o conjunto de alocações possíveis, sendo um subconjunto convexo[52] e fechado[53] de $\mathbb{R}^2$. O ponto de desacordo $v = (v_1, v_2) \in \mathbb{R}^2$ indica a alocação de pagamento para os dois jogadores com base em seu desacordo. Isso fornece os pagamentos para as duas partes caso as discussões falhem. Observe que v é sempre escolhido para ser um membro do conjunto viável F, embora isso não seja uma necessidade técnica. Ainda, espera-se que o conjunto $F \cap \{(x_1, x_2) \in \mathbb{R}^2 : x_1 \geq v_1, x_2 \geq v_2\}$ seja não vazio e limitado.[54]

Suponhamos que $\Gamma = [\{1,2\}, S_1, S_2, u_1, u_2]$ seja um jogo de forma estratégica para dois jogadores. Se as estratégias S dos jogadores puderem ser governadas por contratos legalmente aplicáveis, então um candidato para o conjunto viável F é o conjunto de todas as alocações para estratégias correlacionadas:

$$F = \{(u_1(\alpha), u_2(\alpha)) : \alpha \in \Delta(S_1 \times S_2)\}\ F =$$

onde

$$u_i(\alpha) = \sum_{\{s \in S\}} \alpha(s).u_i\,(s)$$

Além disso, podemos selecionar o subconjunto de alocações de estratégias individuais racionalmente correlacionadas (lembre-se de que os pagamentos para jogadores sob estratégias individuais racionalmente correlacionadas serão pelo menos os respectivos valores minmax). Se as estratégias dos participantes não puderem ser governadas por contratos vinculativos, então F pode ser o conjunto de todas as alocações sob equilíbrios correlacionados.

$$F = \{(u_1(\alpha), u_2(\alpha)) : \alpha \text{ seja equilíbros correlatos de } \Gamma\}.$$

---

52 Presume-se que F seja convexo, pois se as alocações de utilidade $x = (x_1, x_2)$ e $y = (y_1, y_2)$ forem viáveis e $0 \leq \alpha \leq 1$, então a alocação de utilidade esperada $x + (1 - \alpha)\ y$ pode ser obtida implementando x, com probabilidade α, e y com probabilidade $(1 - \alpha)$.

53 F é considerado fechado (ou seja, qualquer sequência convergente em F convergirá para um ponto que pertence a F). Isso é uma necessidade natural da topologia. Se tivermos uma série de alocações pertencentes a F, mas a alocação limite não pertencer a F, então estaremos em uma situação inaceitável.

54 Essa suposição sugere que existe uma alocação viável que é pelo menos tão boa quanto o desacordo para ambos os jogadores, mas que benefícios ilimitados além do desacordo são impossíveis. Ambas as necessidades são razoáveis.

Existem várias opções para o ponto de desacordo v. A primeira opção é fazer v_i o valor mínimo-máximo para o jogador i.

$$v_1 = \min_{\sigma_2 \in \Delta(S_2)} \max_{\sigma_1 \in \Delta(S_1)} u_1(\sigma_1, \sigma_2)$$

$$v_2 = \min_{\sigma_1 \in \Delta(S_1)} \max_{\sigma_2 \in \Delta(S_2)} u_2(\sigma_1, \sigma_2)$$

Porque o valor minimax para um jogador é a recompensa mínima assegurada ao jogador mesmo em um cenário estritamente competitivo onde o jogador oponente constantemente procura prejudicar esse jogador ao máximo, a decisão acima é bastante racional.

Um segundo método é selecionar um equilíbrio de Nash focal[55] (σ_1, σ_2) de Γ e deixe:

$$v_1 = u_1(\sigma_1, \sigma_2); \ v_2 = u_2(\sigma_1, \sigma_2)$$

Para qualquer dilema de negociação (F, v), uma sólida teoria de negociação deve permitir a identificação de um vetor de alocação único em $\mathbb{R}^2$ que seria escolhido como consequência da negociação ou arbitragem. Vamos designar esta alocação única como f (F, v). Portanto, o problema de negociação envolve encontrar uma função de solução adequada f(.) a partir do conjunto de todos os problemas de negociação de duas pessoas no $\mathbb{R}^2$, o conjunto de alocações de recompensa.

[55] Um equilíbrio de Nash focal é aquele em que as decisões dos participantes são influenciadas por circunstâncias externas no momento da alocação.

Figura 29: Área de negociação

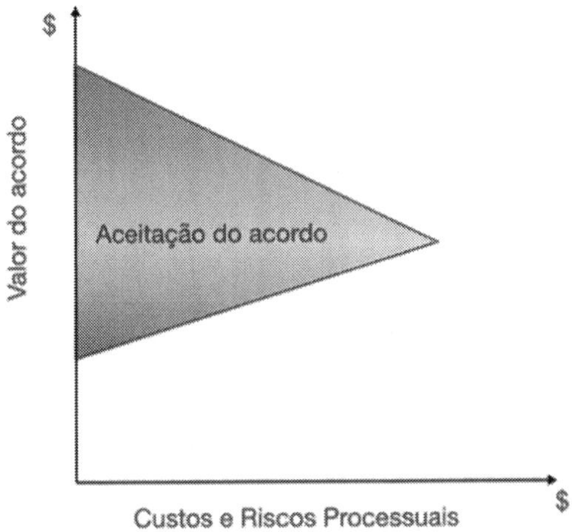

Fonte: Elaboração própria.

Essa área azul da figura acima representa o conjunto dos valores onde ambas as partes (contribuinte e Estado) têm interesse em transacionar.

A negociação em contexto de litígio pode ser uma opção mais rápida, menos dispendiosa e menos estressante do que ir a julgamento, que pode levar anos e exigir gastos significativos em honorários advocatícios e outros custos relacionados ao litígio. Negociação, por isso, implica menor custo de oportunidade, i.e, maior eficiência na alocação de recursos públicos e privados.

Considere um caso de processo civil onde duas partes, A e B, estão envolvidas em um conflito sobre o pagamento de um tributo. Ambas as partes têm a opção de negociar um acordo fora do tribunal (N) ou prosseguir com o litígio (L). A teoria dos jogos pode ser usada para analisar as possíveis escolhas e resultados deste cenário (Gico Jr., 2020 e Fux e Bodart, 2020).

Figura 30: Jogo do litígio ou negociação

		Jogador A	
		Negocia	Litiga
Jogador B	Negocia	5, 5	3 , 2
	Litiga	2, 3	2, 2

Fonte: Elaboração própria.

Nesta matriz de pagamentos, os números representam os pagamentos para cada parte em cada cenário (primeiro valor para A, segundo valor para B). Por exemplo, se ambas as partes escolherem negociar, cada uma receberá um pagamento de 5. Se A escolher negociar e B escolher litigar, A receberá um pagamento de 2 e B receberá um pagamento de 3.

Neste exemplo, o equilíbrio de Nash ocorre quando ambas as partes escolhem negociar. Este é o resultado em que nenhuma das partes tem incentivo para mudar sua estratégia, uma vez que mudar para litigar resultaria em um pagamento menor para ambas. Portanto, esse jogo sugere que ambas as partes devem escolher a negociação para obter o melhor resultado possível no processo civil.

Vamos considerar um exemplo semelhante ao caso anterior, mas com a introdução de uma etapa adicional de decisão. Neste exemplo, as partes A e B têm a opção de realizar uma mediação (M) antes de decidir se negociam (N) ou litigam (L).

As etapas do jogo começam com A decidindo se deseja apresentar a proposta de mediação (M) ou pular diretamente para a próxima etapa (S), em seguida B decide a mesma coisa. Caso ambas as partes escolham a mediação (M, M), elas recebem informações adicionais que podem afetar suas decisões subsequentes. Depois disso, A e B decidem novamente, de forma independente, se negociam (N) ou litigam (L). Caso pelo menos uma das partes escolha pular a mediação (S), elas avançam diretamente para a decisão de negociar (N) ou litigar (L). A árvore de decisão representando o jogo na forma extensiva é a seguinte:

Figura 31: Jogo extensivo do litígio

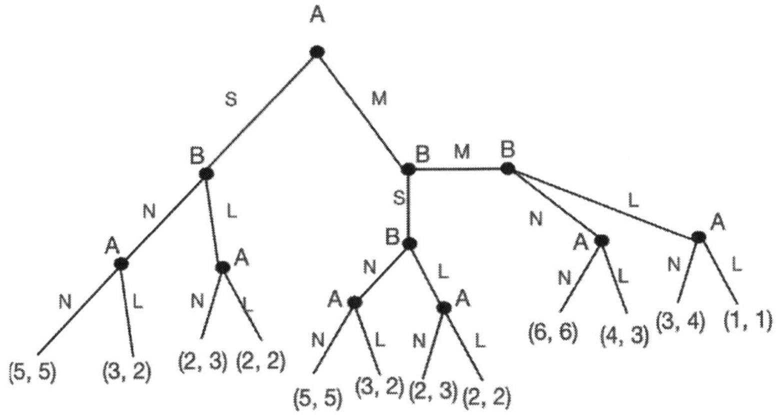

Fonte: Elaboração própria.

Lembrando que os números em parênteses representam os pagamentos para cada parte em cada cenário (primeiro valor para A, segundo valor para B).

Neste exemplo, os jogadores têm uma decisão adicional a ser tomada, ou seja, se participam ou não da mediação. Se ambas as partes optarem pela mediação (M, M) e, em seguida, escolherem negociar (N, N), o resultado será (6, 6), que é melhor do que o resultado (5, 5) do exemplo anterior, onde a mediação não estava disponível.

Analisando a árvore de decisão, o equilíbrio de Nash subgame-perfeito ocorre quando ambas as partes escolhem participar da mediação (M, M) e, em seguida, negociar (N, N), resultando no pagamento de (6, 6).

Podemos modelar a transação tributária como um jogo de negociação entre dois jogadores: o contribuinte (C) e a autoridade fiscal (Fisco). Cada jogador tem duas opções: aceitar a proposta de acordo

(Ac) ou rejeitá-la e seguir com o contencioso (Rej). O resultado do jogo depende das ações de ambos os jogadores e pode ser representado em uma matriz de pagamentos:

Figura 32: Jogo normal da negociação

Fisco \ Contribuinte	Ac	Rej
Ac	a, b	c, d
Rej	e, f	g, h

Fonte: Elaboração própria.

Se ambos aceitam a transação tributária, os jogadores concordam com um valor de pagamento reduzido. A autoridade fiscal arrecada parte do débito tributário, e o contribuinte economiza recursos ao evitar o contencioso. Outra possibilidade é a autoridade fiscal estar disposta a chegar a um acordo, mas o contribuinte prefere prosseguir com o contencioso, potencialmente buscando uma redução maior do débito tributário ou acreditando na improcedência da cobrança, ou pode ocorrer o contrário e o contribuinte estar disposto a chegar a um acordo, mas a autoridade fiscal rejeita a proposta, buscando uma arrecadação maior do débito tributário ou acreditando que o contencioso resultará em um resultado mais favorável. Por fim, ambos podem rejeitar a proposta e a transação tributária falha, e o contencioso prossegue. Ambos os jogadores incorrem em custos adicionais relacionados ao processo e enfrentam incerteza quanto ao resultado final.

A fim de analisar as estratégias ótimas dos jogadores e identificar equilíbrios, devemos considerar as preferências dos jogadores em relação aos pagamentos e os custos e benefícios associados a cada ação. Para identificar um equilíbrio, devemos comparar os pagamentos associados a cada ação para cada jogador. Se $a > c$ e $b > f$ para o jogador A e $e > g$ e $d > h$ para o jogador C, então ambos os jogadores preferem a transação tributária ao contencioso, e um equilíbrio de Nash existe quando ambos aceitam a proposta (Ac, Ac).

No entanto, se as preferências dos jogadores são ambíguas ou conflitantes, encontrar um equilíbrio de Nash pode ser mais complexo. Por exemplo, se a > c, mas b < f para o jogador A, e e > g, mas d < h para o jogador C, então os jogadores têm incentivos opostos, e múltiplos equilíbrios de Nash podem ocorrer.

A análise da transação tributária por meio da teoria dos jogos permite compreender melhor as motivações e incentivos dos contribuintes e autoridades fiscais durante o processo de negociação. Ao identificar as condições que levam a um equilíbrio de Nash favorável à transação tributária, os formuladores de políticas podem desenvolver estratégias e diretrizes que incentivem acordos mutuamente benéficos e eficientes (Fux e Bodart, 2020).

Por isso, ao dispor sobre a transação tributária, na lei e nas resoluções, a União prezou pela transparência e previsibilidade, estabelecendo critérios claros e objetivos para a transação tributária que podem ajudar a reduzir a incerteza e facilitar a convergência em direção a um equilíbrio de Nash favorável. Também há claro intuito de comunicação e cooperação, promovendo um diálogo aberto e contínuo entre os contribuintes e as autoridades fiscais, podendo melhorar a compreensão mútua das preferências e incentivos de cada parte e aumentar a probabilidade de acordos bem-sucedidos.

Vale lembrar, também, que o instituto da transação tributária, na esfera federal, foi tão bem feita que considerou os incentivos corretos para os servidores públicos envolvidos (Procuradores da Fazenda Nacional e Auditores da Receita Federal do Brasil). No jogo do serviço público, uma das preferências mais claras dos servidores é não se expor a um possível processo disciplinar, então a legislação automatizou as transações até certo valor. Transações em um valor mais alto passam por um controle (e atuação conjunta) das chefias, o que reduz risco para o Estado e para o servidor.

5.3 Jogos na reforma tributária

A reforma tributária é um processo complexo e desafiador que busca promover a eficiência, equidade e simplicidade do sistema tributário. Diversos atores, como governos, empresas e contribuintes, têm interesses e preferências distintas, tornando a negociação e a implementação de mudanças tributárias uma tarefa difícil. Este tópico explora a reforma tributária sob a ótica da teoria dos jogos,[56] demonstrando como essa abordagem pode contribuir para uma melhor compreensão das estratégias e incentivos envolvidos nesse processo.

O objetivo básico do sistema tributário é gerar a receita necessária para financiar os gastos do governo. Assim, o objetivo é aumentar essa receita sem alterar as decisões que indivíduos e empresas tomariam por motivos puramente econômicos, ou seja, uma tributação neutra. Em um sistema econômico eficiente, por exemplo, os indivíduos escolheriam entre biscoitos de chocolate e biscoitos de aveia e mel dependendo de suas preferências individuais e dos preços desses produtos. Se as autoridades cobrassem um imposto sobre biscoitos com gotas de chocolate, mas não sobre biscoitos de aveia, o resultado seria que as pessoas levariam em consideração os impostos em sua decisão sobre qual tipo de biscoito consumir e podem escolher o biscoito menos atraente, já que ele é menos caro. Além de distorcer escolhas, as "não neutralidades" no sistema tributário também fazem com que indivíduos e empresas dediquem mais esforço socialmente desperdiçado para transformar a forma ou substância de suas atividades, a fim de reduzir seus pagamentos de impostos, como contratar advogados e contadores para estruturar transações financeiras para minimizar a responsabilidade fiscal.

Cumpre dizer que grande parte dos atuais sistemas tributários pecam pela não neutralidade, são distorcivos e geram ineficiências e peso mortos. Obviamente, alguns sistemas são piores que os outros, mas, infelizmente, o sistema tributário brasileiro encontra-se dentre os mais custosos e ineficiente do planeta. O relatório *doing business* do Banco Mundial, publicado anualmente do ano 2003 até o ano de 2019, comparava cerca de 190 países em diversos tópicos, tais como nível de cumprimento de contratos, nível de corrupção, respeito ao direito de propriedade e, dentre outros, a tributação de cada país,

---

[56] Baseado em estudos empíricos e teóricos como os de Harberger (1962, 1966); Ballard *et. al.* (1985), Daly *et. al.* (1985), Fullerton & Henderson (1986), Auerbach & Kotlikoff (1987); Ashworth & Ulph (1981); Bioomquist (1983); Hansson & Stuart (1985); e Hausman (1985); Auerbach, (1991); Klemm (2012); Ohrn (2018); Straub & Werning (2020); OECD (2022.)

não só em termos de carga tributária, mas também de custos de transação e de conformidade.

Em outras palavras, o *Doing Business Report* demonstrava a média anual de horas necessárias que empresas localizadas em cada país consumiam para cumprir suas obrigações tributárias. Desde a primeira edição até a última o Brasil não perdeu sequer uma vez como o país que mais demandava horas anuais de suas empresas, sempre o primeiro lugar do pódio. Nos respectivos segundo, terceiro, quarto e quinto lugares figuraram países como Chade, Venezuela, Camarões, Namíbia, Bolívia, dentre outros – certamente nenhum deles exemplo de desenvolvimento socioeconômico. Por vários anos, o número de horas era constante em 2.600, nos últimos anos, talvez pela implantação de nota fiscal eletrônica e do sistema SPED (sistema público de escrituração digital), o número caiu para "apenas" 1.501 horas, mantendo, contudo, o primeiro lugar em complexidade de conformidade.

Visto isso, um dos principais motivos para uma reforma do sistema tributário é o desejo de minimizar complicações custosas, que geram enorme impacto na vida dos contribuintes – um dos componentes do "custo Brasil". Dados os desafios na elaboração de definições claras e economicamente sensatas e a complexidade inerente aos processos de negócios, qualquer sistema tributário será invariavelmente complexo (com a exceção dos paraísos fiscais).

Há complexidades em todos os aspectos dos sistemas tributários existentes. Geralmente, a tributação da renda pessoal exige que o contribuinte entenda como lidar com a renda de várias formas e períodos, deduções, isenções e créditos fiscais. A complexidade da tributação da renda corporativa deve-se em parte à sofisticação das finanças empresariais, mas também aos inúmeros esquemas criados para fornecer incentivos para tipos específicos de investimentos. No caso da tributação indireta, a complexidade está diretamente relacionada às variações nas alíquotas e bases de cálculo, que são frequentemente mal utilizadas e implicam em aumento da regressividade do sistema.

A complexidade incorre em custos de várias maneiras. Em primeiro lugar, as despesas diretas são os recursos reais alocados para a conformidade e a arrecadação de impostos. Como os impostos sobre a renda pessoal e empresarial têm sido suscetíveis a uma infinidade de preferências, exclusões, deduções e créditos, a manutenção de registros e a preparação de impostos se tornaram, pelo menos em certos países, operações muito caras.

A complexidade do sistema tributário também gera custos indiretos como resultado do trabalho necessário para reorganizar artificialmente os negócios de alguém a fim de reduzir a responsabilidade fiscal atual. O tempo e o dinheiro gastos estudando opções e a frequente necessidade de usar serviços de consultoria resultam em um desvio significativo de recursos de atividades mais importantes para aplicações relacionadas a impostos. Além disso, a complexidade acaba resultando em maior litigiosidade, cuja uma das externalidades negativas é a criação de uma indústria de "teses", atividade de *rent-seeking* que não gera riqueza nova, apenas redistribui a já existente.

Uma crescente convicção de que os atuais acordos fiscais (benefícios fiscais, zonas francas, planos de refinanciamento do passivo etc.) são injustos também contribuiu para a pressão por mudanças. Além disso, o princípio da equidade provavelmente foi o fator mais importante nas recentes iniciativas de reforma. Preocupações com a equidade horizontal (contribuintes em situações semelhantes devem ser tratados igualmente) têm motivado a reforma tributária.

Aqui consideramos que a reforma tributária deve buscar abordar essas preocupações, simplificando o sistema tributário e corrigindo as desigualdades existentes. Ao tornar o sistema mais simples e transparente, a reforma visa reduzir os custos de conformidade e os recursos gastos em planejamento tributário, permitindo que empresas e indivíduos se concentrem em atividades mais produtivas.

Uma abordagem comum à reforma tributária é a simplificação das alíquotas e a eliminação de deduções e isenções, além de reduzir a tributação setorial, o que pode tornar o sistema mais fácil de entender e administrar.

Como vimos, parte significativa dos jogos tributários se referem a problemas de informação, com grande discordância de conceitos e interpretações, assim, a reforma tributária deve criar mecanismos para aumentar a cooperação entre os agentes, reduzindo o custo de informações desses jogos.

Outra área de foco na reforma tributária foi a revisão e aprimoramento dos impostos indiretos, como impostos sobre vendas ou valor agregado, para garantir que eles não criem distorções indesejadas na economia. Isso pode envolver a harmonização das alíquotas e a expansão da base tributária, reduzindo a complexidade e melhorando a eficiência do sistema.

A reforma tributária também poderia ter abordado questões de evasão e elisão fiscal, reforçando medidas de fiscalização e cooperação entre as autoridades fiscais nacionais e internacionais. Isso pode incluir o compartilhamento de informações entre países, a criação de normas globais para tributação de empresas multinacionais e a implementação de medidas para combater a lavagem de dinheiro e a evasão fiscal.

Em última análise, a reforma tributária, vista pela perspectiva da teoria dos jogos, busca criar um ambiente em que os agentes econômicos tomem decisões baseadas na eficiência e produtividade, em vez de se concentrarem em estratégias para minimizar suas obrigações fiscais. Mas podemos analisar a própria discussão e decisão sobre a reforma como um jogo. Vamos a ele.

5.3.1 Alguns comentários sobre a reforma tributária

Desde a promulgação da Emenda Constitucional 132, em 20 de dezembro de 2023, a agenda tributária brasileira deixou de orbitar duas PECs concorrentes e passou a girar em torno da execução de um novo arranjo constitucional. A Secretaria Extraordinária da Reforma Tributária, liderada por Bernardo Appy, trabalha agora em cinco projetos de lei complementar que definirão bases, alíquotas de referência, regras de crédito financeiro, governança do Comitê Gestor do IBS e mecanismos de *cashback* digital. O desenho consagra um IVA dual: a Contribuição sobre Bens e Serviços (CBS) substituirá PIS, Cofins e IPI; o Imposto sobre Bens e Serviços (IBS), gerido por estados e municípios, tomará o lugar de ICMS e ISS; e o Imposto Seletivo atuará como instrumento extrafiscal sobre bens nocivos ou de alto impacto ambiental. A adoção de não cumulatividade, do princípio do destino e de uma base ampla preserva o espírito da antiga PEC 45, mas a arquitetura dual incorporou salvaguardas exigidas pelos defensores da PEC 110. Mesmo com essa acomodação, o jogo político continua complexo: estados produtores temem perda de receitas ao ver a tributação migrar da origem para o consumo; municípios de base intensiva em serviços estimam aumento de carga e redução de autonomia; e todos resistem à eliminação de benefícios fiscais, que a Teoria da Escolha Pública qualifica como verdadeira moeda de poder. Na prática, trata-se de um dilema do prisioneiro em versão federativa: sem confiança de que os demais cederão, cada ente prefere o velho manicômio fiscal a uma reforma potencialmente benéfica, mas que redistribui poder e arrecadação.

Para mitigar a aversão, a EC 132 instituiu um pacote de transição: Fundo de Compensação de Receitas, Fundo de Desenvolvimento Regional de R$ 160 bilhões em vinte anos, regime de *cashback* para famílias de baixa renda e reduções graduais das alíquotas de ICMS e ISS até 2033. Ainda assim, a calibragem desses mecanismos depende de dados que só aparecerão na fase de emissão paralela de notas fiscais, prevista para 2026, quando empresas deverão declarar cada operação em dois *layouts* distintos. Grandes grupos já revisam ERPs, investem em *tax compliance* baseados em IA e disputam crédito acumulado que poderá tornar-se "ativo financeiro" negociável; *pequenas e médias* empresas temem não ter caixa nem *know-how* para acompanhar tantas mudanças simultâneas.

No campo setorial, persiste a desconfiança de que, mesmo mantendo neutralidade, o novo sistema redistribuirá carga do setor industrial e comercial para o de serviços, que representa mais de 70% do PIB e possui cadeia de insumos curta. O governo argumenta que bens manufaturados devem baratear pelo fim da cumulatividade, compensando a alta sobre serviços; porém, estudos independentes da FGV e do Ipea apontam que repasses de preço raramente ocorrem de forma limpa em mercados oligopolizados, e que, sem simulações robustas, a promessa de neutralidade pode naufragar. Salta aos olhos o fato de o Brasil não ter conduzido um *sandbox* tributário setorial – por exemplo, em construção civil ou agronegócio – nem divulgado modelos econométricos replicáveis que sustentem as alíquotas de referência de CBS e IBS.

O cenário torna-se ainda mais incerto com a perspectiva, anunciada pelo ministro Fernando Haddad, de uma segunda etapa focada em renda e patrimônio: retributação de dividendos, faixas de IRPF mais progressivas e possíveis ajustes na CSLL. Esse capítulo tende a encontrar oposição mais dura, pois mexe não apenas em caixas públicos, mas em fluxos de renda de grupos politicamente organizados. Sob a ótica estratégica, a probabilidade de avanço cai, se não houver ganhos visíveis de credibilidade na etapa do consumo.

Assim, a reforma levou o Brasil a um *trade-off* explícito: permanecer num sistema notoriamente disfuncional, com alto custo de conformidade e guerra fiscal permanente, ou migrar para uma arquitetura de IVA dual cuja implementação real ainda é uma caixa-preta. Os próximos três anos – regulamentação em 2024-2025, teste em 2026 e rampa de transição até 2032 – dirão se a reforma produzirá o salto de competitividade prometido, ou se reafirmará o velho adágio de que, na política tributária brasileira, "se melhora, piora".

5.3.2 O jogo de apoio à reforma tributária

Podemos modelar a reforma tributária como um jogo de negociação e barganha entre diferentes atores, como governos (G), empresas (E) e contribuintes individuais (C). Cada jogador tem duas opções: apoiar a reforma tributária (Ap) ou se opor à reforma (Op). O resultado do jogo depende das ações de todos os jogadores e pode ser representado em uma matriz de pagamentos tridimensional. Nesta matriz, os pagamentos representam a utilidade ou satisfação de cada jogador, dependendo de suas ações e das ações dos outros jogadores.

A fim de analisar as estratégias ótimas dos jogadores e identificar equilíbrios, devemos considerar as preferências dos jogadores em relação aos pagamentos e os custos e benefícios associados a cada ação. Para identificar um equilíbrio de Nash, devemos comparar os pagamentos associados a cada ação para cada jogador. Se todos os jogadores preferem apoiar a reforma tributária, um equilíbrio de Nash ocorre quando todos escolhem Ap. No entanto, se as preferências dos jogadores são ambíguas ou conflitantes, encontrar um equilíbrio de Nash pode ser mais complexo e dependerá das interações estratégicas entre os jogadores.

A análise da reforma tributária por meio da teoria dos jogos permite compreender melhor as motivações e incentivos dos diversos atores envolvidos no processo. Ao identificar as condições e incentivos que levam a resultados cooperativos e eficientes, os formuladores de políticas podem desenvolver estratégias e diretrizes que promovam a implementação bem-sucedida da reforma tributária. Algumas implicações e políticas que podem ser derivadas desta análise incluem estabelecer um diálogo aberto e contínuo entre governos, empresas e contribuintes pode melhorar a compreensão mútua das preferências e incentivos de cada parte e aumentar a probabilidade de acordos bem-sucedidos e reformas eficazes; permitir certa flexibilidade na negociação de reformas tributárias pode facilitar a identificação de soluções que sejam mutuamente aceitáveis para todos os atores envolvidos, aumentando a chance de um equilíbrio de Nash cooperativo; estabelecer critérios claros e objetivos para a reforma tributária pode ajudar a reduzir a incerteza e facilitar a convergência em direção a um equilíbrio favorável a todos. Isso também pode aumentar a confiança dos atores envolvidos e contribuir para a estabilidade do sistema tributário; incluir diversos atores, como grupos da sociedade civil, acadêmicos e especialistas em políticas públicas no processo de reforma tributária, pode enriquecer o debate e ajudar a identificar soluções inovadoras e consensuais. Isso também pode contribuir para a legitimidade e a aceitação da reforma tributária pelos diferentes setores da sociedade.

Neste exemplo simplificado, consideramos dois jogadores: a União (U) e Estados-Membros (E). Ambos os jogadores podem escolher entre Apoiar a Reforma Tributária (Ap) ou se opor à Reforma Tributária (Op).

Figura 33: Jogo normal do apoio à reforma

União \ Estados	Ap	Op
Ap	6, 4	5, 2
Op	2, 2	1, 1

Fonte: Elaboração própria.

Neste exemplo, se a União escolher apoiar (Ap) e os Estados escolherem apoiar (Ap) também, ambos obterão um pagamento maior do que se escolhessem qualquer outra estratégia.

O jogo extensivo, neste exemplo simplificado, a União (U) move-se primeiro, seguido pelos Estados (E).

Figura 34: Jogo extensivo do apoio à reforma

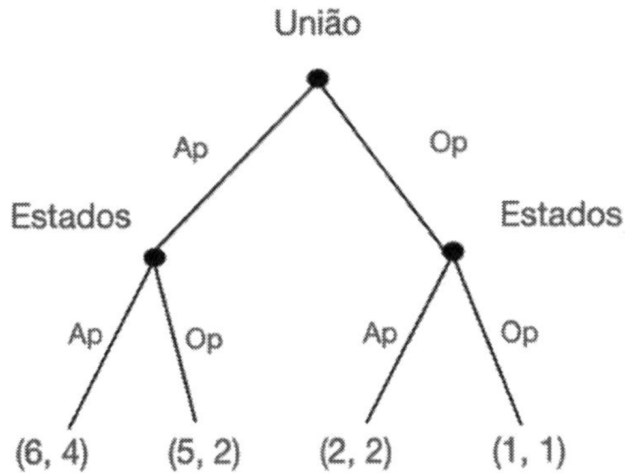

Fonte: Elaboração própria.

Para encontrar o equilíbrio do jogo extensivo, analisamos as decisões dos jogadores e determinamos a estratégia ótima para cada jogador. No exemplo numérico, se a União escolher Apoiar (Ap), os Estados preferirão Apoiar (Ap) também, já que 4 é maior que 2. Se a União escolher se Opor (Op), os Estados preferirão se apoiar (Ap), já que 2 é maior que 1.

Dada a resposta ótima dos Estados, a União deve decidir se prefere Apoiar a Reforma Tributária (Ap) ou se Opor à Reforma Tributária (Op). Se a União escolher apoiar (Ap), receberá um pagamento de 6, já que os Contribuintes também escolherão apoiar (Ap). Se a União escolher se Opor (Op), receberá um pagamento de 2, já que os Estados escolherão apoiar (Ap).

É importante destacar que este exemplo numérico é uma simplificação e, na prática, a reforma tributária envolve múltiplos atores e decisões complexas. No entanto, o uso de exemplos numéricos em jogos normal e extensivo pode ajudar a ilustrar as ideias fundamentais da teoria dos jogos e fornecer uma base para análises mais avançadas.

Outra possibilidade de jogo seria entre os Estados: podemos imaginar que temos 2 jogadores (Estado A e Estado B), cada um deles com duas estratégias: manter ou reduzir a carga tributária. O resultado, devido à mobilidade das empresas, pode ser visto na matriz abaixo, mas para generalizar e formalizar o raciocínio, podemos descrever o jogo da seguinte forma:

Figura 35: Jogo normal de reforma tributária

		Estado 1	
		Manter	Baixar
Estado 2	Manter	5, 7	7, 4
	Baixar	3, 9	4, 6

Fonte: Elaboração própria.

Jogadores: Dois Estados i = {1,2}
Estratégias Possíveis: O conjunto {Baixar, Manter} para todos os jogadores;
Preferências: para o jogador 1 = u1(Baixar, Manter) > u1 (Manter, Manter) > u1 (Baixar, Baixar) > u1 (Manter, Baixar);
Para o jogador 2 = u2(Baixar, Manter) > u2 (Manter, Manter) > u2 (Baixar, Baixar) > u2 (Manter, Baixar).

Ao aplicar a teoria dos jogos na análise da reforma tributária, é possível identificar os incentivos e preferências dos atores envolvidos e, assim, antecipar o comportamento dos jogadores em diferentes cenários. Isso pode ser útil para os formuladores de políticas, que podem desenvolver estratégias e diretrizes que incentivem a cooperação e a implementação bem-sucedida da reforma tributária.

Além disso, a teoria dos jogos permite explorar diferentes configurações e condições que podem levar a equilíbrios cooperativos ou não cooperativos. A partir dessas análises, os formuladores de políticas podem ajustar as propostas de reforma tributária de modo a alinhar os interesses dos atores envolvidos e promover a cooperação.

No entanto, é importante notar que a teoria dos jogos é uma ferramenta analítica e não uma solução definitiva para todas as questões relacionadas à reforma tributária. A complexidade das questões tributárias e a diversidade de interesses dos atores envolvidos podem tornar a aplicação da teoria dos jogos uma tarefa desafiadora. Portanto, a teoria dos jogos deve ser usada em conjunto com outras abordagens e metodologias para fornecer uma análise abrangente e equilibrada das políticas.

5.3.3 Motivos para reforma tributária

Os impostos geram um fosso entre os preços pré-impostos e pós-impostos de mercadorias, serviços, elementos de produção ou atividades, e quando essas diferenças são de proporções variáveis, os preços relativos se alteram. À medida que os preços relativos variam, o comportamento econômico se modifica, de modo que as proporções de itens tributáveis mudam, resultando em uma realocação de recursos econômicos, como veremos adiante no subitem da neutralidade tributária.

Os impostos gerais sobre a renda geram uma segunda distorção ao estabelecer uma distinção entre os retornos de capital antes e depois da tributação. Isso desestimula a poupança ao discriminar o consumo futuro em relação ao consumo atual, reduz o bem-estar ao resultar em um nível subótimo de transferências de recursos intertemporais e tende a reduzir o investimento e, consequentemente, o estoque de capital de propriedade doméstica, o que pode diminuir o crescimento da produtividade. Embora o avanço técnico e o aumento da oferta de trabalho determinem a taxa de crescimento econômico em longo prazo, muitos acreditam que é possível, reduzindo as alíquotas de impostos sobre o capital, estimular temporariamente um crescimento mais rápido, aumentando o investimento. Em muitos países, os incentivos ao investimento foram criados, em parte, por esse motivo. Em outros países, no entanto, há preocupação de que essas políticas tenham ido longe demais, favorecendo o capital em detrimento do trabalho a ponto de o investimento substituir o trabalho.

A importância das distorções dependerá dos percentuais dos impostos, bem como da elasticidade da oferta e demanda de bens e insumos de produção, e da elasticidade de substituição entre fatores na produção. Grande parte do debate sobre a escolha da base tributária é, essencialmente, uma discussão sobre o tamanho de duas elasticidades específicas: a elasticidade da oferta de trabalho em relação aos salários líquidos e a elasticidade da poupança em relação à taxa de retorno líquida.

Os impostos distorcivos geram custos de bem-estar (chamados de "peso morto") porque reduzem a renda além da transferência de recursos para o governo. Essa perda agregada decorre do fato de que, em resposta às mudanças nos preços relativos, consumidores e produtores demandam e fornecem produtos e fatores em quantidades diferentes das que fariam na ausência de impostos, resultando em menor produção e renda. Quanto maior a sensibilidade de consumidores e produtores às mudanças nos preços relativos induzidas por impostos, maior será a perda de "peso morto" da economia.

5.3.3.1 A neutralidade tributária

A neutralidade tributária é um princípio fundamental da política fiscal que visa garantir que os impostos não interfiram nas escolhas e no comportamento dos agentes econômicos. Um sistema tributário neutro é aquele que não favorece nem desfavorece certos setores, atividades ou investimentos, permitindo que os agentes tomem decisões com base em considerações puramente econômicas. A teoria dos jogos, por outro lado, é um ramo da matemática que estuda situações de tomada de decisão estratégica em que as ações de diferentes agentes podem influenciar os resultados uns dos outros.

Uma política fiscal é neutra quando não tem efeito nas decisões econômicas dos agentes econômicos, particularmente produtores e consumidores. Justiça não é equivalente à neutralidade. Uma taxação única e não anunciada seria neutra, já que os agentes econômicos não teriam oportunidade de ajustar seu comportamento em resposta a ela. Com base em fatores como idade, altura ou afiliação religiosa, tal imposto poderia ser manifestamente injusto. Portanto, a neutralidade tributária preocupa-se principalmente em evitar a distorção do comportamento econômico por uma influência externa, e não com a justiça das repercussões fiscais para aqueles que as sofrem.

A teoria dos jogos pode ser usada para analisar os efeitos da tributação neutra e distorcida no comportamento dos agentes econômicos. Em um ambiente de tributação neutra, os agentes tomarão decisões com base em considerações econômicas, como lucratividade, risco e retorno. Já em um ambiente de tributação distorcida, os agentes podem ser incentivados a tomar decisões com base nos benefícios fiscais, o que pode levar a alocações ineficientes de recursos e distorções no mercado.

Considere, por exemplo, um jogo entre dois investidores, A e B, que devem decidir onde investir seus recursos em diferentes setores da economia. Em um sistema tributário neutro, os investidores escolherão os setores com base em seus retornos esperados e riscos associados. No entanto, em um sistema tributário distorcido, os investidores podem ser incentivados a investir em setores com benefícios fiscais, mesmo que tais setores não sejam os mais lucrativos ou eficientes em termos de alocação de recursos.

5.3.3.2 Benefícios da neutralidade tributária

A neutralidade tributária contribui para a eficiência econômica, pois permite que os agentes tomem decisões com base em considerações puramente econômicas. Quando os agentes econômicos não são influenciados por distorções tributárias, eles tendem a alocar recursos de maneira mais eficiente, maximizando a produção e a riqueza em uma economia. Por outro lado, um sistema tributário distorcido pode levar a alocações ineficientes de recursos e reduzir o bem-estar econômico geral.

A neutralidade tributária também promove equidade e justiça fiscal. Um sistema tributário neutro trata todos os agentes econômicos de maneira igual, sem favorecer nem desfavorecer setores específicos ou atividades econômicas. Isso garante que os agentes econômicos sejam tributados de maneira justa e proporcional às suas capacidades econômicas.

Vários autores passaram a considerar a neutralidade tributária como o único problema digno da atenção dos economistas. Nicholas Kaldor e Richard Musgrave, para citar apenas dois influentes economistas de finanças públicas do mundo, todos articularam a importância da neutralidade tributária de maneira clara e nítida.

À medida que os economistas começaram a investigar como os mercados interagem, o efeito de um imposto sobre bens em um mercado na demanda por itens substitutos em outro mercado tornou-se um exemplo proeminente. Por exemplo, se um imposto sobre chocolates aumentasse seu preço em uma unidade monetária por barra, a demanda por chocolates provavelmente diminuiria, assumindo que houvesse consumidores em potencial para os quais o valor de uma barra de chocolates caísse em algum lugar entre o preço com o novo imposto e o preço sem o novo imposto. Se os biscoitos recheados não fossem tributados na mesma alíquota que os chocolates, esses comedores de chocolates frustrados poderiam gastar seu dinheiro em biscoito recheado em vez disso. O modelo de Frank Ramsey sobre esse fenômeno demonstrou que a não neutralidade de um imposto sobre itens de consumo poderia ser eliminada, garantindo que o imposto aumentasse o preço de todas as commodities substituíveis na mesma quantidade.

Uma forma comumente reconhecida de não neutralidade tributária é a distorção gerada quando um imposto sobre salários induz trabalhadores em potencial a escolher o lazer em vez do trabalho. O *trade-off* entre trabalho e lazer é notoriamente simples de abolir, mas a solução é universalmente vista como uma impossibilidade política. Basta tributar o lazer no mesmo ritmo que o trabalho (presumivelmente uma tributação por unidade de tempo trabalhado ou desfrutado na ociosidade). Nessa perspectiva, tanto os impostos sobre renda quanto sobre consumo falham os critérios de neutralidade, pois o "consumo" de lazer é isento de impostos.

Outro exemplo importante da falta de neutralidade é o tratamento tributário diferencial de lucros e juros de dívida corporativa. Ao distinguir entre dívida e patrimônio líquido, regimes tributários corporativos incentivam as empresas a tomar empréstimos em vez de buscar contribuições de capital em troca de ações.

A existência de tributos distintos permite o uso da estratégia da Thin Capitalization (ou subcapitalização), que é uma estratégia tributária em que uma empresa é financiada com um montante significativo de empréstimos em vez de capital próprio. Isso reduz a base tributável da empresa, permitindo que ela economize em impostos.

Essa manobra pode ser uma estratégia eficaz para economizar em impostos, mas pode levar a resultados subótimos se todas as empresas a adotarem. Em vez disso, cooperar e escolher o financiamento com capital próprio pode ser a melhor estratégia em longo prazo para todas as empresas envolvidas.

Podemos descrever um jogo sequencial com os seguintes: **Jogadores** = {Fisco, Empresa}; **Estratégias possíveis** do Fisco = {igual; diferente}, Estratégias das empresas = {capitalizar, subcapitalizar} e ambos desejam maximizar seus **resultados** financeiros. Podemos pensar em uma representação numérica da seguinte forma:

Figura 36: Jogo da subcapitalização

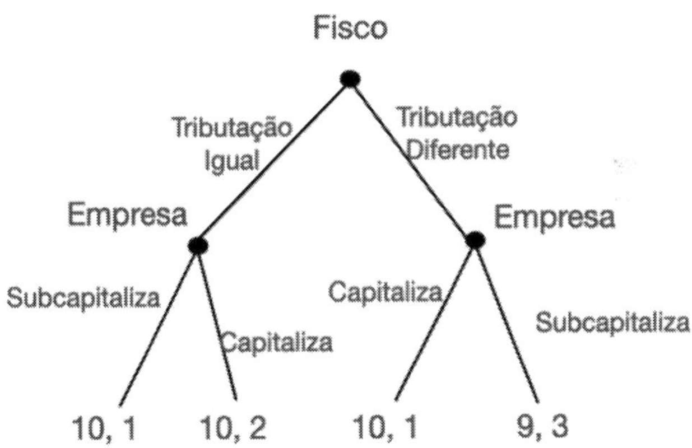

Fonte: Elaboração própria.

Nesse jogo, o equilíbrio de Nash de subjogo seria o estado tributar de modo igual e o empresário capitalizar adequadamente. Vale perceber que, para o empresário, o melhor é a tributação diferente, permitindo que ele possa manejar essa estratégia de modo exitoso.

Embora o nível apropriado de impostos sobre capital seja muito controverso, não há ou há muita pouca base para as alíquotas de imposto significativamente diferentes em diversas fontes de renda de capital. Criar tributos mais uniformes melhoraria a alocação de investimento e finanças, minimizaria os gastos com evasão fiscal e eventualmente impulsionaria a produtividade e a estabilidade da economia.

Outro exemplo fácil de perceber do dia a dia é a consequência decorrente da diferença de tributação do Imposto de Renda sobre pessoa jurídica e sobre pessoa natural. Muitos profissionais liberais constituem uma pessoa jurídica não para que ela desenvolva uma atividade empresarial, no sentido de Ascareli e do código civil brasileiro, somente como uma estratégia tributária.

A ideia básica da neutralidade é simples: o sistema tributário deve buscar ser neutro para que as decisões sejam baseadas apenas em seus méritos econômicos. Em certas circunstâncias, a neutralidade é inatingível, e os formuladores de políticas devem aceitar certo grau de distorção do comportamento como inevitável. Em outras situações, a neutralidade pode ser problemática se os formuladores de políticas visarem promover objetivos específicos, como a provisão de seguros de saúde ou contribuições beneficentes. Avaliar o grau em que o sistema tributário se aproxima ou se afasta da neutralidade é uma lente útil para analisar uma variedade de questões de política tributária e econômica.

A neutralidade tributária é uma ideia bem reconhecida na teoria. Na prática, no entanto, pode ser difícil resolver *trade-offs* entre distintas noções de neutralidade e distintos objetivos. Em poucas instâncias, porém, essa abordagem pode ser utilizada para cortar argumentos de política tributária e descobrir um método mais economicamente eficiente de organizar o sistema tributário.

O objetivo principal de uma reforma tributária deve ser ter um sistema tributário neutro, em que as decisões são tomadas com base apenas em seus méritos econômicos. No entanto, em alguns casos, é necessário desviar da neutralidade para alcançar objetivos específicos. Ao avaliar a neutralidade do sistema tributário, podemos identificar áreas onde é necessário fazer mudanças para garantir que o sistema esteja funcionando da maneira mais eficiente possível.

O código tributário também se afasta da neutralidade para desencorajar comportamentos específicos, como fumar e consumo de álcool. Nessas instâncias, o imposto deve ser projetado para capturar o custo da atividade que não é suportado pelo indivíduo. Isso também é a base para impostos sobre carbono e sistemas de comércio de emissões projetados para combater a mudança climática.

5.3.3.3 Desencorajar atividades indesejadas: o imposto seletivo

A experiência tributária contemporânea reconhece que, além da busca pela estrita neutralidade fiscal, há contextos em que o desenho de impostos precisa ir além da simples arrecadação e passar a modular incentivos econômicos para corrigir falhas de mercado, internalizar custos ocultos e orientar a alocação de recursos a um caminho socialmente mais desejável. É nessa moldura que se inserem os tributos pigouvianos: ao onerar atividades geradoras de externalidades negativas – fumar, consumir bebidas alcoólicas, queimar combustíveis fósseis, apostar de forma compulsiva ou mesmo adquirir produtos intensivos em carbono –, o Estado transfere parte do ônus que recai sobre terceiros (ou sobre o ambiente) para quem provoca o dano, estimulando escolhas menos nocivas e, por extensão, inovadoras, que ofereçam alternativas limpas e saudáveis.

A Emenda Constitucional 132/2023 consagrou esse raciocínio no ordenamento brasileiro ao criar o Imposto Seletivo, concebido como instrumento extrafiscal vocacionado a tributar bens e serviços que deterioram a saúde pública, contribuem para a violência ou ampliam a pegada de carbono. Tabaco, bebidas de alto teor alcóolico, armas de fogo, apostas *on-line*, combustíveis fósseis e produtos químicos de elevada toxicidade despontam entre os alvos prováveis do novo tributo, mas o rol exato está na lei complementar 214 de 16 de janeiro de 2025 e é passível de atualização periódica por critérios objetivos de risco sanitário e ambiental.

O desafio, todavia, extrapola a escolha da base de incidência. Estudos recentes do Ipea e de centros de pesquisa independentes mostram que o atual mosaico de gravames sobre a gasolina – Cide, PIS/Cofins monofásico e ICMS *ad rem* – captura menos de um terço do custo externo associado às emissões de CO_2, sem falar nos efeitos colaterais de congestionamentos urbanos, acidentes de trânsito, poluição local e perda de produtividade. No setor elétrico, a geração a carvão e a gás natural permanece sub-precificada, ainda que responda por parcela relevante da pegada climática nacional. A inexistência de um sinal de preço adequado encoraja o consumo de energia suja e subavalia projetos de renováveis ao mesmo tempo em que priva o erário de recursos que poderiam financiar a transição energética. Essa constatação levou a Secretaria da Reforma Tributária a discutir, nos grupos técnicos de regulamentação, a calibragem de alíquotas do Seletivo em valor monetário por tonelada de CO_2 equivalente – referência que dialoga com padrões da OCDE e da High Level Commission on Carbon Prices.

No cenário internacional, a precificação de carbono se assemelha a um dilema do prisioneiro clássico: a solução ótima coletiva seria que todos os países internalizassem a externalidade climática em escala suficiente para conter o excesso de produção, mas cada país teme perder competitividade se agir isoladamente. A União Europeia rompeu o impasse com o Carbon Border Adjustment Mechanism (CBAM), dispositivo que impõe, na fronteira, um ajuste de emissões para importadores provenientes de nações sem precificação robusta. Essa política pressiona exportadores brasileiros de aço, alumínio, fertilizantes e cimento a rever processos produtivos ou arcar com o ônus tributário na alfândega europeia. O desenho do Seletivo – acoplado à criação de um mercado nacional de créditos de carbono, em discussão no Congresso – funcionaria como credencial para que o Brasil evite barreiras extraterritoriais, ao mesmo tempo em que sinaliza dever de casa doméstico.

Para que o imposto cumpra seu papel pigouviano, duas condições são cruciais. Primeiro, a calibragem da alíquota deve refletir métricas transparentes de impacto ambiental e sanitário: um preço-guia mínimo por tonelada de CO_2 e um "multiplicador de risco", no caso de substâncias que afetam diretamente a saúde, como cigarros eletrônicos de alto teor de nicotina. O valor pode crescer de forma escalonada, conferindo previsibilidade a investidores e permitindo ajustes regionais para não penalizar subitamente atividades com baixa elasticidade de substituição. Segundo, o destino da arrecadação precisa ser socialmente legitimado: parcela obrigatória para fundos de transição energética, pesquisa e inovação em tecnologia limpa, requalificação de trabalhadores de setores intensivos em carbono, melhoria de transporte público e, indispensavelmente, mecanismos de compensação de renda que evitem regressividade. Pesquisa da FGV EPGE mostra que, se um aumento de R$ 0,60/litro na gasolina vier acompanhado de subsídio ao transporte coletivo, expansão de infraestrutura cicloviária e crédito-tributo a caminhoneiros autônomos, o impacto distributivo negativo quase se neutraliza, e a adesão política sobe 18 pontos percentuais.

Também há uma camada federativa a ser equacionada. Como o Seletivo substituirá o IPI – hoje 100% federal –, mas incidirá sobre bases potencialmente mais amplas e móveis, estados e municípios reivindicam participação nos dividendos arrecadatórios em nome do princípio do destino e da solidariedade fiscal. Esse ponto exige arranjo de repartição similar ao da CBS/IBS, para reduzir o incentivo de entes subnacionais a oferecer "portos cinzentos" a produtos sujeitos a alíquotas menores.

Do ponto de vista macroeconômico, o Seletivo não é apenas substituto do IPI; ele representa a tentativa de inserir o Brasil no clube de economias que encaram tributação ambiental como vetor de competitividade. Contudo, prevalece o risco de captura regulatória: setores organizados podem pressionar por exceções, alíquotas simbólicas ou longos períodos de transição.

O Imposto Seletivo brasileiro desponta como peça-chave de uma estratégia mais ampla de transição para economia. Tal como desenhado na EC 132/2023, pode ser interpretado como instrumento para mudar o equilíbrio de jogos estratégicos nos quais as externalidades negativas distorcem as escolhas privadas, como vimos no capítulo sobre os jogos clássicos

5.3.4 Deveria o Estado criar um imposto sobre grandes fortunas?

O Imposto sobre grandes fortunas (IGF) é um imposto que incidiria sobre a riqueza acumulada por pessoas físicas e jurídicas acima de um determinado patamar. Na teoria dos jogos, o IGF pode ser visto como um jogo entre o Estado e os indivíduos mais ricos da sociedade, que podem decidir se pagam ou não o imposto.

A literatura mais abalizada, principalmente baseada em estudos empíricos, apresenta que os principais problemas são na esfera das informações. Esse tipo de tributo aumenta significativamente a atividade administrativa tributária, com muitos litígios e discordância com relação aos conceitos trabalhados. Entretanto, neste texto, analisaremos apenas o jogo que envolve a estratégia de saída do capital (e não a discussão processual, que vimos no item anterior).

Considerando a possibilidade de os jogadores mais ricos decidirem sair do país, podemos ter duas possibilidades: os jogadores saem em massa ou apenas alguns jogadores saem. Nesse contexto, podemos analisar o jogo do IGF em dois cenários possíveis:

Cenário 1: Jogadores saem em massa. Se o IGF for muito alto, os jogadores mais ricos podem decidir sair do país em massa para evitar o pagamento do imposto. Nesse caso, o Estado pode perder a arrecadação esperada do IGF e ter uma perda de receita significativa. Os jogadores mais ricos podem ganhar em curto prazo, evitando o pagamento do imposto, mas em longo prazo, o país pode sofrer consequências negativas, como a fuga de investimentos e a redução da atividade econômica.

Cenário 2: Apenas alguns jogadores saem. Se apenas alguns jogadores mais ricos decidirem sair do país para evitar o pagamento do IGF, o Estado ainda pode arrecadar parte da receita esperada do imposto, mas teriam todo o aumento do custo da administração tributária. Além disso, a saída de alguns jogadores mais ricos pode levar a uma reação em cadeia de outros jogadores mais ricos, que também podem decidir sair do país. Nesse caso, o Estado pode enfrentar dificuldades em arrecadar a receita esperada do IGF, e os jogadores mais ricos podem decidir sair do país para evitar o pagamento do imposto.

Assim, podemos concluir que a teoria dos jogos sugere que a introdução de um imposto sobre grandes fortunas pode ser vista como um jogo entre o Estado e os indivíduos mais ricos da sociedade, que podem decidir sair do país para evitar o pagamento do imposto. No entanto, a saída em massa dos jogadores mais ricos pode levar a consequências negativas para o país em longo prazo, como a fuga de investimentos e a redução da atividade econômica. Portanto, o Estado deve buscar equilibrar a arrecadação de receitas fiscais com a manutenção de um ambiente favorável aos negócios e ao investimento, para evitar a saída de jogadores mais ricos do país.

Podemos apresentar esse jogo sequencial, que tem como jogadores o Estado e o Contribuinte, da seguinte forma:

Figura 37: Jogo extensivo do IGF

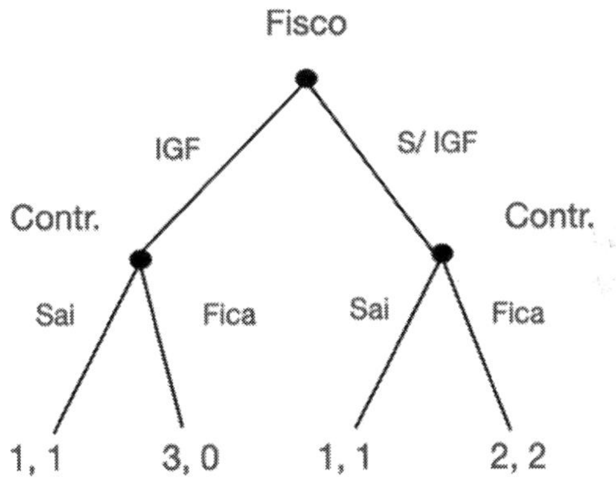

Fonte: Elaboração própria.

Nesse jogo, vemos que o Fisco inicia sua jogada com a criação (ou não) de um imposto sobre grandes fortunas. Em seguida, o Contribuinte decide se permanece no país ou se sai para outro local que não cobre esse tributo.

Para resolver esse jogo, podemos usar da indução invertida (*backward induction*), olhando de trás para frente. Vemos que se o fisco escolher criar a exação, o contribuinte preferirá sair do país, pois 1 > 0; assim como se não for criado o tributo, o contribuinte permanece na localidade (2 > 1). Então, podemos excluir as outras possibilidades.

Figura 38: *Backward induction*, passo 1

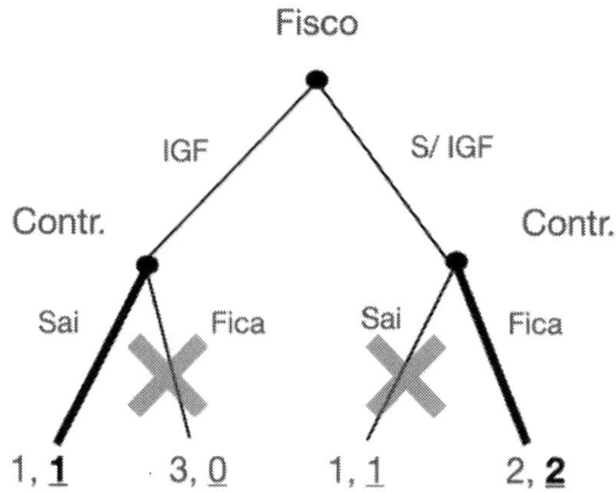

Fonte: Elaboração própria.

Com essa eliminação, a escolha do Fisco ficou mais restrita e ele preferirá escolher não criar o IGF, pois seu resultado é maior (2 > 1).

Figura 39: *Backward induction*, passo 2

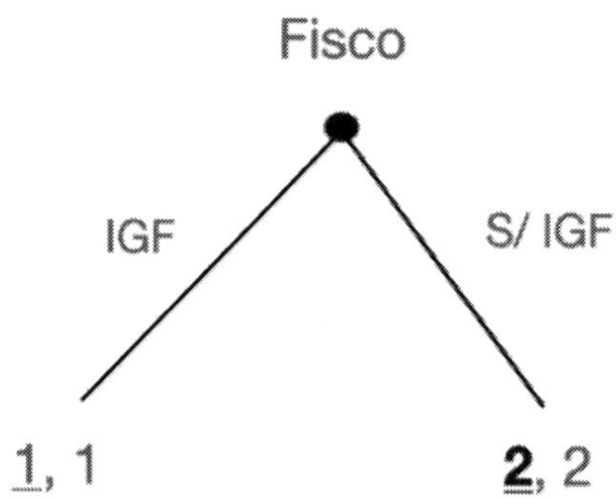

Fonte: Elaboração própria.

Então, nesse jogo desenhado, o equilíbrio de Nash de subjogo é quando o Fisco não institui o IGF e o contribuinte fica no país.

5.4 A guerra fiscal

Como já referido neste livro, a guerra fiscal é um fenômeno de (falta de) cooperação entre entes federativos, detentores de competência tributária para instituir a cobrar tributos. O leitor poderia indagar: por "guerra" não significa dizer competição entre estados e municípios para atração de investimentos, e isso não é positivo?

Por este prisma, uma competição como ocorre entre países, por exemplo, muitas vezes pode ser positiva, no sentido de tornar o ambiente de negócios mais sedutor para investimentos, novas fábricas, novos estabelecimentos prestadores de serviços etc. Dificilmente seria viável – até por uma questão de custos de transação proibitivos – um sistema tributário mundial neutro, que gerasse indiferença aos investidores.

No contexto de um país, ainda mais o nosso que tem estrutura federativa, torna-se mais complicada a competição tributária que ganhou a alcunha de "guerra", especialmente quando se trata de tributos cujos negócios sobre os quais incidem muitas vezes ultrapassam fronteiras territoriais, como é o caso do ICMS estadual e do ISS municipal. O problema é que muitos dos benefícios fiscais acabam externalizando custos para outros entes federativos, tornando uma competição que seria, em tese, produtiva, gerando distorções e ineficiências, além de anti neutralidade.

Do ponto de vista de jogos, a guerra fiscal em muito se assemelha a um dilema do prisioneiro, com incentivos a não cooperação e ao efeito-carona (*free-rider*). Mesmo com mecanismos como o Confaz para minimizar a guerra do ICMS entre os Estados, ou a alíquota mínima nacional do ISS, para os municípios, o problema persiste.

5.5 A litigiosidade tributária

Podemos analisar a judicialização tributária através de três jogos, dois deles são do tipo dilema do prisioneiro, mas todos com características parecidas, um analisando a relação entre os contribuintes (concorrentes no mercado) e os outros a relação entre o contribuinte e o fisco, sendo uma para execução e outra para discussão de tese tributária, o que podem justificar o excesso de demandas tributárias.

No primeiro jogo, podemos imaginar o seguinte cenário: duas empresas, Alpha e Beta, competem diretamente no mesmo mercado, cada uma buscando maximizar seus lucros. Uma forma de atingir este objetivo, além de aumentar receitas e reduzir custos, é minimizar suas obrigações tributárias. No entanto, o sistema tributário é complexo e ambíguo, não oferecendo um ponto focal, no sentido de Thomas Schelling que foi tratado no tópico 3.6 do capítulo 3, claro sobre a interpretação de seus conceitos jurídicos.

Nesse cenário, surge uma oportunidade. Ambas as empresas percebem que existe uma tese tributária ambígua, cuja interpretação, se favorável, poderia gerar uma economia significativa em impostos. O problema é que a jurisprudência atual não é clara, o que deixa as empresas com duas opções: aceitar a interpretação mais conservadora (e custosa) da lei ou judicializar a questão, buscando uma decisão mais favorável na justiça. Esta situação configura um jogo estratégico similar ao dilema do prisioneiro, o "Jogo da Judicialização Tributária". A escolha individual depende do nível de aversão a risco, mas também será influenciada pelo comportamento da outra, já que se trata de um mercado competitivo, logo, estratégico.

No "Jogo da Judicialização Tributária", cada empresa tem duas opções: (1) judicializar a tese tributária ou (2) não judicializar. Se ambas não judicializarem, mantêm suas obrigações tributárias elevadas, mas evitam os custos e incertezas associados ao processo judicial. Esta seria a situação de "cooperação".

No entanto, se uma das empresas decide judicializar a tese tributária, enquanto a outra não o faz, a empresa que judicializa pode ganhar uma grande vantagem competitiva. Suponha que Alpha decida ir à justiça e ganhe. Ela reduzirá significativamente suas obrigações fiscais, enquanto Beta continua a pagar impostos mais elevados. A situação torna-se desigual, colocando Alpha em uma posição vantajosa.

O problema é que, se ambas as empresas decidirem judicializar a questão, o sistema judicial ficará sobrecarregado. O excesso de demandas prolongará o tempo de decisão, gerando mais custos e incertezas para as empresas. Além disso, um excesso de demandas semelhantes pode levar o judiciário a adotar uma interpretação mais conservadora da lei, como uma forma de desencorajar outras empresas a fazerem o mesmo. Assim, ambas as empresas acabam em uma situação pior do que se tivessem cooperado.

Cumpre salientar que a judicialização pode se dar tanto pela empresa como sujeito passivo de uma execução fiscal (movida pela autoridade fiscal, após o encerramento do processo administrativo, no qual o contribuinte perdeu), como pela empresa autora de uma ação judicial contra o Estado, em que defenda alguma tese pela qual sustenta não ser sujeita a determinada incidência tributária.

Esse jogo da judicialização tributária evidencia a necessidade de uma reforma do sistema tributário e judicial, tornando-os mais claros e previsíveis. Isto não apenas evitaria a sobrecarga do sistema judicial, mas também proporcionaria um ambiente de negócios mais estável e justo. Até lá, as empresas continuarão a enfrentar esse dilema, com todas as suas implicações estratégicas e sociais.

Para visualizar melhor o cenário descrito, podemos representar o "Jogo da Judicialização Tributária" em uma matriz de resultado do jogo na forma normal:

Figura 40: Jogo da Judicialização Tributária

Alpha \ Beta	Judicializar	Não judicializar
Judic.	-2, -2	2, -3
Não Judic.	-3 , 2	0 , 0

Fonte: Elaboração própria.

Aqui, os números representam os benefícios para cada empresa em cada cenário, onde um número mais alto é melhor, mas eles não representam grandezas, apenas ordem de preferência para cada um dos jogadores. As empresas buscam maximizar seus próprios benefícios sem se importar com o benefício do concorrente.

Se ambas as empresas decidirem judicializar a tese, os custos da judicialização e o possível endurecimento da interpretação da lei pelo judiciário, levariam a uma situação pior para ambas, representada pelo *pay off* de –2 para ambas.

Se uma das empresas decidir judicializar e a outra não, a empresa que judicializou pode se beneficiar, obtendo uma interpretação favorável e reduzindo suas obrigações fiscais (*pay off* de 2), enquanto a outra empresa continua a pagar mais impostos e tem o prejuízo concorrencial (*pay off* de –3). Por fim, se nenhuma das empresas decidir judicializar, elas manterão suas obrigações tributárias atuais, mas evitarão os custos e incertezas da judicialização (*pay off* de 0 para ambas).

No entanto, é importante observar que este é um jogo de soma não zero e com estratégias simétricas. A estratégia dominante, se analisarmos individualmente, seria judicializar a tese tributária, levando a um equilíbrio de Nash com escolhas que levam a uma situação pior para todas, similar à "tragédia dos comuns" quando ampliamos para um jogo com n jogadores.

Em um cenário ideal, as empresas cooperariam e o fisco e contribuinte decidiriam transacionar, evitando a judicialização excessiva. No entanto, a natureza competitiva do mercado e a falta de um ponto focal claro na interpretação das leis tributárias levam a uma situação em que a judicialização torna-se uma estratégia tentadora, apesar de suas possíveis consequências negativas em longo prazo, no que a literatura de teoria dos jogos chama de *race to the top*, com um claro excesso de demandas.

Além desse jogo inicial, também podemos ver essa questão da judicialização tributária como dois jogos entre o contribuinte e o Fisco. Na primeira análise, vamos ver a situação em que o Fisco cobra uma dívida tributária. Da mesma forma que a anterior, esse jogo pode ser desenhado como o jogo do dilema do prisioneiro. Os caminhos perigosos e desafiadores desse jogo são as complexidades do sistema tributário, e a aposta em jogo é o equilíbrio entre justiça fiscal e cumprimento das obrigações tributárias.

Os jogadores, o Fisco e o Contribuinte têm a opção de transacionar ou litigar, sendo que ambos possuem incentivos para disputar judicialmente. Sob a perspectiva do Fisco, a litigância significa mais custo processual e talvez mais arrecadação. Para o Contribuinte, litigar pode ser a única maneira de contestar uma cobrança que considera injusta ou de buscar a interpretação de uma norma que lhe seja favorável.

Com relação aos estímulos, como vimos no jogo anterior, o contribuinte tem estímulos concorrenciais para demandar. Por sua vez, o fisco, representado por seus agentes, tem estímulo para maior litígio também, principalmente por conta do problema do agente principal.

O problema do agente principal surge quando os interesses de um agente (servidor público – auditor ou procurador) não estão alinhados com os interesses do principal (aqui, o próprio Fisco ou, em última análise, a sociedade). Em relação à questão dos honorários advocatícios, há um claro incentivo para os advogados públicos (Procuradores da Fazenda Nacional ou Procuradores dos Estados ou Municípios) do Fisco aumentarem a quantidade de demandas judiciais, já que seus honorários, e consequentemente parte de sua remuneração, são proporcionais à quantidade de casos que eles lidam (considerando a taxa de êxito constante).

Com a previsão de honorários advocatícios (ou bônus para os auditores em caso de excesso de arrecadação), o procurador (ou auditor fiscal, no caso do bônus) tem um incentivo econômico para litigar em vez de buscar uma transação, mesmo que esta última possa ser mais vantajosa para o Fisco e para a sociedade em termos de economia de recursos e eficiência. Isso cria uma discrepância entre o que seria o melhor resultado do ponto de vista do principal (menos litígios, mais transações) e o que seria o melhor resultado do ponto de vista do agente (mais litígios, mais honorários). Esse desalinhamento de interesses pode levar a um aumento no número de litígios fiscais e, consequentemente, a um excesso de demandas judiciais.[57]

Esse jogo também é complexo porque as estratégias do Fisco e do Contribuinte não são estáticas, mas dinâmicas. As ações de um afetam as reações do outro. Por exemplo, se o Fisco adota uma postura mais agressiva, o Contribuinte pode sentir-se mais incentivado a

---

57 A lei federal que prevê a transação tributária prevê o recebimento de parte dos honorários, para evitar o comportamento desalinhado descrito nesse modelo (puro).

litigar. Da mesma forma, se o Contribuinte percebe que o Fisco está disposto a transacionar, pode se sentir incentivado a adotar a mesma postura.

Uma solução para este jogo de "Dilema do Prisioneiro Fiscal" seria modificar a estrutura do jogo com a criação de mecanismos que favoreçam a transação (como descrito acima), como a implementação de políticas de incentivo à negociação ou a simplificação do sistema tributário. Além disso, a criação de um ponto focal claro para a interpretação dos conceitos jurídicos também poderia ajudar a reduzir a incerteza e, consequentemente, o incentivo à litigância.

Assim, nesse jogo de estratégia fiscal, o equilíbrio ideal seria aquele em que Fisco e Contribuinte optam pela transação ao invés do litígio, diminuindo o excesso de demandas e contribuindo para um sistema fiscal mais justo e eficiente. Porém, até que esse equilíbrio seja alcançado, o "Dilema do Prisioneiro" fiscal continuará sendo jogado, com todos os riscos e desafios que ele implica.

A matriz de *pay off* a seguir descreve como o jogo é:

Figura 41: Jogo do dilema do prisioneiro na Judicialização Tributária

		Contribuinte	
		Processo	Acordo
Fisco	Processo	-5, -5	3, -7
	Acordo	-7 , 3	2 , 2

Fonte: Elaboração própria.

Os números representam os *pay offs* de cada jogador em cada cenário, mas eles não representam grandezas, apenas a ordem das preferências de cada jogador – não devemos comparar os valores dos jogadores já que não representam valores. Em nossa matriz, valores mais altos representam melhores resultados. Por exemplo, o *pay off* de 2 (A, A) é o melhor resultado para ambos os jogadores, indicando que o acordo é a estratégia benéfica para ambos, mas os dois jogadores têm incentivos para desviar dessa escolha estratégica.

Entretanto, a estrutura do jogo e os incentivos para litigar podem levar ambos os jogadores a escolher processar, mesmo que isso resulte em um *pay off* menor (–5, –5) para ambos. Isso representa o excesso de litigância e a superlotação do sistema judiciário.

A melhor opção para ambos, como um grupo, seria cooperar e escolher a opção de transacionar em acordo (A), que traz benefícios mútuos e evita a superlotação do sistema judicial, além de economizar tempo e recursos para ambos os jogadores. No entanto, na ausência de um ponto focal claro e de incentivos suficientes para transacionar, cada jogador, buscando maximizar seu próprio benefício, pode optar por manter o processo (P), resultando em um *pay off* inferior para ambos.

Uma maneira de resolver este dilema seria criar mecanismos que alterem a matriz de *pay off* para tornar a transação a estratégia dominante. Isso poderia ser feito, por exemplo, através de políticas de incentivo à negociação, como a redução de multas ou a concessão de benefícios fiscais em casos de transação. Além disso, a criação de um ponto focal claro na interpretação dos conceitos jurídicos também seria essencial. Isso poderia ser alcançado, por exemplo, através da elaboração de normas mais claras e precisas, da publicação de orientações oficiais sobre a interpretação de certos conceitos jurídicos ou da promoção de uma jurisprudência mais consistente e previsível.

O último jogo que vamos descrever aqui acontece entre o contribuinte e o Fisco, quando o contribuinte decide sobre discutir judicialmente uma tese tributária, fazendo isso geralmente pela via do mandado de segurança, enquanto o Fisco escolhe entre contestar ou não contestar judicialmente tal ação.

A matriz de *pay off* a seguir descreve como o jogo é:

Figura 42: Representação normal do jogo da tese tributária

Fisco \ Contribuinte	Ajuizar	Não Ajuizar
Contestar	-2, 1	0, 0
Não Contestar	-3, 3	0 , 0

Fonte: Elaboração própria.

Se o contribuinte ajuizar o mandado de segurança e o Fisco não contestar, o contribuinte ganha uma grande vantagem, pois aumenta sua chance de êxito, enquanto o Fisco sofre uma perda, pois não conseguiu defender seu ponto de vista e a cobrança do tributo fica comprometida. Se ambos, contribuinte e Fisco, decidirem ajuizar e contestar respectivamente, o resultado pode favorecer o contribuinte ou o Fisco, criando um cenário de incerteza para ambos. A vitória de um lado implica na perda do outro, mas se o contribuinte perder, ele não sofrerá custos adicionais, pois estamos considerando que ele não precisará pagar honorários sucumbenciais. Se o contribuinte não ajuizar o mandado de segurança, ele não terá ganhos ou perdas adicionais, independentemente do que o Fisco decidir.

A lógica central deste jogo é a antecipação das ações do oponente e a avaliação dos riscos e recompensas associados a cada decisão. Cada jogador tentará maximizar seus ganhos (ou minimizar suas perdas) considerando não só os possíveis resultados de suas ações, mas também as possíveis respostas de seu oponente.

Podemos ver esse jogo como sequencial, com o contribuinte iniciando sua estratégia, com o fisco agindo em seguida. Podemos ver, por indução invertida, que o equilíbrio do jogo ocorrerá quando o contribuinte ajuíza o MS e o Fisco contesta, mas isso não parece ser a melhor solução para o conjunto da sociedade. Isso pode ser visto mais claramente na imagem abaixo:

Figura 43: Representação extensiva do jogo da tese tributária, com a indicação do equilíbrio de Nash

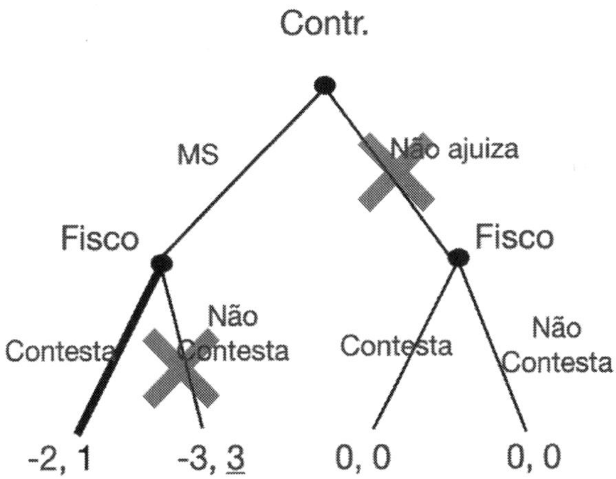

Fonte: Elaboração própria.

Para resolver essa situação, o fisco deveria criar os (des)estímulos adequados para que essa externalidade negativa criada pelo excesso de demanda judicial não ocorra, por exemplo, instituir a possibilidade de condenação em honorários sucumbenciais em caso de insucesso do Mandado de Segurança tributário. O contribuinte tem muito estímulo para demandar (pois existe a possibilidade de ganho) e pouco desestímulo para ponderar o risco do insucesso.

Aqui, contudo, surge o grande obstáculo já analisado acima que é a falta de um ponto focal sobre a interpretação dos conceitos jurídicos. No caso do nosso jogo, a falta de um ponto focal torna o resultado do litígio extremamente incerto, pois depende da interpretação que o juiz ou tribunal dará a determinados conceitos jurídicos, os quais podem ser muito subjetivos ou ambíguos.

Enfim, a litigiosidade tributária pode ser explicada com esses três jogos, em um contexto de termos poucos (e fracos) pontos focais.

Lembrando, os jogos de dilema do prisioneiro são situações em que os jogadores (sejam empresas entre si ou contribuinte x fisco) poderiam sair ganhando se colaborassem uma com a outra em resoluções não judiciais dos conflitos tributários, mas, por desconfiança, acabam escolhendo um caminho que deixa todos numa situação pior. Imaginemos agora isso com um grande número de pessoas. Cada uma tem a opção de colaborar com o grupo ou buscar seu próprio interesse. Se todos buscam apenas seus próprios interesses, a situação fica complicada para todo mundo. É aí que entra a "tragédia dos comuns".

Como vimos na parte sobre o conceito econômico dos bens, a tragédia dos comuns é o excesso de consumo que ocorre quando muitas pessoas têm acesso a um mesmo recurso. No nosso caso, o "recurso" seria o poder judiciário para resolver disputas tributárias. Se cada empresa ou o fisco recorre à justiça para cada disputa tributária, pensando apenas em seu benefício próprio, logo o sistema judiciário fica sobrecarregado com excesso de demandas. Assim, se todos agem pensando apenas em seus próprios interesses, o tempo de resposta do sistema judiciário aumenta para todos, piorando a situação geral. Portanto, assim como no dilema do prisioneiro, ambos os cenários mostram a importância de pensarmos de forma coletiva, e não apenas em benefício próprio. As empresas e o Fisco superutilizam o sistema judicial, acabando por prejudicar a si mesmas e a todo o sistema jurídico.

CONCLUSÃO

Procuramos, com este pequeno livro, introduzir o leitor, especialmente aquele que opera com tributação de alguma forma – seja como advogado, juiz, fiscal, contabilista ou administrador, ou que tem apenas curiosidade pela área – que, malgradas as suas diferenças, no final das contas são todos pagadores de impostos, a uma ferramenta adicional para análise deste fenômeno, tão antigo quanto a própria civilização humana.

A teoria dos jogos não busca oferecer alguma solução final, completa ou mágica para os problemas ou desafios que existem em nosso sistema tributário (ou em qualquer outro), mas oferece interessantes por vezes contraintuitivos instrumentos para compreender os comportamentos dos agentes racionais envolvidos nas mais diferentes interações – ou jogos – e, a partir disto, buscar algumas alternativas no que tange aos incentivos envolvidos, de forma a possibilitar resultados mais eficientes, tanto do ponto de vista dos indivíduos quanto da coletividade.

Esperamos que tenham gostado da leitura!

REFERÊNCIAS

ASHWORTH, J. Stuart; ULPH, David T. Household Models. *In*: BROWN, Charles V. *Taxation and Labour Supply*. London: Allen and Unwin, 1981.

AUERBACH, Alan J.; KOTLIKOFF, Laurence J. Evaluating Fiscal Policy with a Dynamic Simulation Model. *The American Economic Review*, v. 77, n. 2, 1987.

AUERBACH, Alan J. Retrospective Capital Gains Taxation. *The American Economic Review*, v. 81, n. 1, 1991.

AUMANN, Robert. Almost Strictly Competitive Games. *Journal of the Society for Industrial and Applied Mathematics*, v. 9, 1961.

AUMANN, Robert. A Survey of Cooperative Games without Side Payments. *In*: SHUBIK, M. *Essays in Mathematical Economics in Honor of Oskar Morgenstern*. Princeton: University Press, 1967.

AUMANN, Robert. *Collected Papers*. Cambridge (Mass.): MIT Press, 2000. v. 2.

AUMANN, Robert; MASCHLER, M. The Bargaining Set for Cooperative Games. *In*: DRESHER, M.; SHAPLEY, L. S.; TUCKER, A. W. *Advances in Game Theory*, Annals of Mathematics Study 52. Princeton: University Press, 1964.

AUMANN, Robert; MASCHLER, M. Game Theory. *In*: EATWELL, J.; MILGATE, M.; NEWMAN, P. *The New Palgrave Dictionary of Economics*. London and Basingstoke: Macmillan, 1987. V. 2.

AUMANN, Robert; HEIFETZ, A. Incomplete Information. *In*: AUMANN, R. J.; HART, S. *Handbook of Game Theory with economic applications*. Amsterdam: Elsevier, 2002. V. 3.

AUMANN, Robert J. *Prize Lecture*. 2005. Disponível em: https://www.nobelprize.org/. Acesso em: 21 fev. 2024.

AKERLOF, George A. *Prize Lecture*. 2001. Disponível em: https://www.nobelprize.org/. Acesso em: 21 fev. 2024.

AKERLOF, George A. The Market for "Lemons": Quality Uncertainty and the Market Mechanism. *The Quarterly Journal of Economics*, v. 84, Issue 3, 1970.

BAIRD, Douglas G.; GERTNER, Robert H.; PICKER, Randal C. *Game Theory and the Law*. Cambridge: Harvard University Press, 1998.

BALLARD, Charles L.; FULLERTON, Don; SHOVEN, John B.; WHALLEY, John. *A General Equilibrium Model for Tax Policy Evaluation*. University of Chicago Press: 1985.

BAR-GILL, Oren; BEN-SHAHAR, Omri. The Prisoners' (Plea Bargain) Dilemma. (July 2007). *U of Michigan Law & Economics*, Olin Working Paper No. 07-010; NYU Law and Economics Research Paper No. 07-22. Disponível em: https://ssrn.com/abstract=1000209 . Acesso em: 20 set. 2017.

BARRETO, L. S.; RÊGO, L. C. Falta de Consciência em Jogos na Forma Normal. *In*: *XL Simpósio Brasileiro de Pesquisa Operacional*, 2008, João Pessoa, PB. Anais do XL Simpósio Brasileiro de Pesquisa Operacional, 2008. p. 612-623.

BATMAN – O CAVALEIRO DAS TREVAS. Direção: Christopher Nolan. Produção: Christopher Nolan, Charles Roven e Emma Thomas. Warner Bros., 2008, 152 min.

BENTHAM, Jeremy. *Introduction to the Principles of Morals and Legislation*. Kitchener: Batoche Books, 2000.

BÍBLIA, A. T. Reis. *In*: *Bíblia Sagrada*. São Paulo - SP: Editora Thomas Nelson Brasil, 2021.

BLOMQUIST, Sören. The effect of income taxation on the labor supply of married men in Sweden. *Journal of Public Economics*, v. 22, issue 2,1983.

BLOCH, Francis; LEFEBVRE, Eric. Corporate tax competition, tariffs and multinational firms. *Economics Letters*, v. 65. 1999.

BORGES, Jorge Luis. *Historia Universal de la Infamia*. Buenos Aires, 1946.

BOSSY, Mireille; MAÏZI, Nadia; OLSDER, Geert J.; POURTALLIER, Odile; TANRÉ, Etienne. Electricity Prices in a Game Theory Context. *In*: HAURIE, Alain; ZACCOUR, Georges (Eds.). *Dynamic Games*: Theory and Applications. New York: Springer, 2005.

BRAMS, Steven J. *Game Theory and the Humanities*: Bridging two worlds. Cambridge: The MIT Press. 2012.

BRASIL. *Lei nº 13.988, de 14 de abril de 2020*. Dispõe sobre a transação nas hipóteses que especifica; e altera as Leis n. 13.464, de 10 de julho de 2017, e 10.522, de 19 de julho de 2002. Secretaria-Geral, Brasília. Disponível em: https://www.planalto.gov.br/ccivil_03/_ato2019-2022/2020/lei/l13988.htm. Acesso em: 21 fev. 2024.

BRASIL. *Lei nº 5.172, de 25 de outubro de 1966*. Dispõe sobre o Sistema Tributário Nacional e institui normas gerais de direito tributário aplicáveis à União, Estados e Municípios. Casa Civil, Brasília. Disponível em: https://www.planalto.gov.br/ccivil_03/leis/l5172compilado.htm. Acesso em: 21 fev. 2024.

BRASIL. [Constituição (1988)]. *Constituição da República Federativa do Brasil*: promulgada em 5 de outubro de 1988.

BRASIL. Supremo Tribunal Federal. *Súmula Vinculante 41*. Diário da Justiça de 13/10/2003.

CAMELO, Bradson; TORRES, Ronny Charles; NOBREGA, Marcos. *Análise Econômica das Licitacoes e Contratos*. Belo Horizonte: Ed. Fórum, 2022.

CAMELO, Bradson; YEUNG, Luciana. *Introdução à Análise Econômica do Direito*. Salvador: Editora JusPodivm, 2023.

CARVALHO, Cristiano. *Trump e a teoria dos jogos*: as tarifas como estratégia geopolítica. Consultor Jurídico, São Paulo, 22 fev. 2025. Disponível em: https://www.conjur.com.br/2025-fev-22/trump-e-a-teoria-dos-jogos-as-tarifas-como-estrategia-

CARVALHO, Cristiano. *Teoria da Decisão Tributária*. São Paulo: Almedina, 2018.

CARVALHO, Cristiano; PRADO, Lucilene. Um "sandbox" para a reforma tributária. *Estado de São Paulo*, 27 jul. 2020.

DAVIS, Morton D. *Game Theory*: A Nontechnical Introduction. Mineola: Dover Publications, 1997.

DALY, Michael; JUNG, Jack; MERCIER, Pierre; SCHWEITZER, Thomas. A Comparison of Effective Marginal Tax Rates on Income from Capital in Canadian Manufacturing. *Can. Tax J.*, v. 33, 1985.

DEVEREUX, Michael; LORETZ, Simon. What Do We Know About Corporate Tax Competition? *National Tax Journal*, v. 66, issue 3, 2013.

DIAMOND, Peter A.; MIRRLEES, James A. *Optimal Taxation and Public Production*: I. Production Efficiency. A.E.R. 61, 1971.

EATON, B. C.; EATON, D. F. *Microeconomia*. São Paulo: Saraiva, 1999.

FEINBERG, Yossi. Subjective reasoning - games with unawareness. *Research Paper n. 1875*, Stanford, Graduate School of Business. 2004.

FULLERTON, Don; HENDERSON, Yolanda Kodrzycki. A disaggregate equilibrium model of the tax distortions among assets, sectors, and industries. *American Enterprise Institute Occasional Paper*, n. 7, 1986.

FULLERTON, Don; GORDON, Roger H. A Reexamination of Tax Distortions in General Equilibrium Models. *NBER Working Paper*, n. w0673, 1981.

FUDENBERG Drew; TIROLE Jean. *Game Theory*. Cambridge, MA: MIT Press; 1991.

FUX, Luiz; BODART, Bruno. *Processo civil e análise econômica*. 2. ed. Rio de Janeiro: Forense, 2020.

GANGOPADHYAY, Partha. Competitive Tax Evasion And Transfer Prices. *International Game Theory Review (IGTR)*, v. 09, issue 02, 2007.

GEORGAKOPOULOS, Nicholas L. *Principles and Methods of Law and Economics* – Basic Tools for Normative Reasonig. New York: Cambridge University Press, 2005.

GIBBONS, Robert. Game Theory for Applied Economists. *Princeton University Press*, 1992.

GICO JUNIOR, Ivo Teixeira. *Análise Econômica do Processo*. Indaiatuba: Editora Foco, 2020.

HANSSON, Ingemar; STUART, Charles. The Taxation of Income from Capital: A Comparative Study of the United States, the United Kingdom, Sweden, and West Germany Mervyn A. King, Don Fullerton. *Journal of Political Economy – J POLIT ECON*, v. 93, 1985.

HARBERGER, Arnold. The Incidence of the Corporation Income Tax. *The Journal of Political Economy*, v. 70, n. 3, 1962.

HARBERGER, Arnold. Efficiency effects of taxes on income from capital. In: KRZYZANIAK, Marian. *Effects of corporation income tax*. Detroit: Wayne State University Press, 1966.

HARDIN, Garret. The Tragedy of the Commons. *Science*, v. 162, n. 3859, 1968.

HARSANYI, John C. *Prize Lecture*. 1994. Disponível em: https://www.nobelprize.org/. Acesso em: 21 fev. 2024.

HARSANYI, John C. Games with incomplete information played by 'Bayesian' players, parts I-III. *Management Science*, v.14, p.159-182, p. 320-334, p. 486-502, 1968.

HAUSMAN, Jerry. Taxes and labor supply. *In*: AUERBACH, A. J.; FELDSTEIN, M. (Eds.). *Handbook of Public Economics*, v. 1, Elsevier, 1985.

HURWICZ, Leonid. *Prize Lecture*. 2007. Disponível em: https://www.nobelprize.org/. Acesso em: 21 fev. 2024.

HURWICZ, L. (1972): On informationally decentralized systems. *In*: RADNER; MCGUIRE. Decision and Organization. North-Holland, Amsterdam, 1972.

KALDOR, Nicholas. The case for regional policies. *Scottish Journal of Political Economy*, November, 1970.

KAPLOW, Louis; SHAVELL, Steven. On the superiority of corrective taxes to quantity regulation. *American Law and Economics Review*, v. 4, spring 2002.

KAPLOW, Louis; SHAVELL, Steven. *Fairness versus Welfare*. Cambridge: Harvard University Press, 2002. KEEN e KONRAD (2013).

KLEMM, A.; VAN PARYS, S. Empirical Evidence on the Effects of Tax Incentives. *International Tax and Public Finance*, v. 19, 2012.

KREPS, D. M. *A Course in Microeconomic Theory*. Cambridge: Princeton University Press, 1990.

KREPS, D. M. *Microeconomics for managers*. New York: W.W. Norton, 2004.

LEVITT, Steven; DUBNER, Stephen J. *Superfreakonomics*: o lado oculto do dia a dia. Tradução de Afonso Celso da Cunha Serra. Rio de Janeiro: Elsevier, 2010.

LITTLCHILD; OWEN. A simple expression for the Shapley Value in a Special Case. *Management Science*, v. 20, nov. 1973.

LUCAS JR., Robert E. *Prize Lecture*. 1995. Disponível em: https://www.nobelprize.org/. Acesso em: 21 fev. 2024.

LUCE, R. Duncan; RAIFFA, Howard. *Games and decisions: Introduction and critical survey*. Wiley, 1957.

MAILATH, George J.; SAMUELSON, Larry. Reputations in Repeated Games. *PIER Working Paper*, n. 13-034, June 27, 2013. Disponível em: https://ssrn.com/abstract=2286763 or http://dx.doi.org/10.2139/ssrn.2286763. Acesso em: 21 fev. 2024.

MAS-COLLELL, Andreu; WHINSTON, Michael D; GREEN, Jerry R. *Microeconomic Theory*. EUA: Oxford University Press, 1995.

MASKIN, Eric S. *Prize Lecture*. 2007. Disponível em: https://www.nobelprize.org/. Acesso em: 21 fev. 2024.

MCADAMS, David. Game-Changer: Game Theory and the Art of Transforming Strategic Situation. *W.W. Norton*, Jan 2014.

MERCURO, Nicholas; MEDEMA, Steven G. Economics and the Law – From Posner to Post-Modernism and Beyond. *Princeton University Press*, 2006.

MILGROM, Paul R. *Prize Lecture*. 2020. Disponível em: https://www.nobelprize.org/. Acesso em: 21 fev. 2024.

MORGENSTERN, Oskar; VON NEUMANN, John. The Theory of Games and Economic Behavior. *Princeton University Press*, 1947.

MUSGRAVE, Richard; MUSGRAVE, Peggy. *Finanças Públicas*: Teoria e Prática. São Paulo: Campus, 1980.

MYERSON, Roger. *Game Theory*: Analysis of Conflict. USA: Harvard University Press, 1991.

MYERSON, Roger. Perspective on Mechanism Design in Economic Theory. *Nobel Prize Lecture*, dec 8, 2007. Disponível em: http://home.uchicago.edu/~rmyerson/. Acesso em: 21 fev. 2024.

NASH JR., John F. *Prize Lecture*. 1994. Disponível em: https://www.nobelprize.org/. Acesso em: 21 fev. 2024.

NASH JR., John F. Non-cooperative Games. *Annals of Mathematics*, n. 54, 1957.

NORTH, D. *Institutions, Institutional Change and Economic performance*. Cambridge: Cambridge University Press, 1990.

OHRN, Eric. The Effect of Corporate Taxation on Investment and Financial Policy: Evidence from the DPAD. *American Economic Journal: Economic Policy*, v.10, n. 2, 2018.

OSBORNE, Martin J. *An Introduction to Game Theory*. New York: Oxford University Press, 2004.

OSBORNE, M. J.; RUBINSTEIN, A. *A course in game theory*. Cambridge: The MIT Press, 1994.

OSTROM, Elinor. *Prize Lecture*. 2009. Disponível em: https://www.nobelprize.org/. Acesso em: 21 fev. 2024.

PINDICK, Robert S.; RUBINFELD, Daniel L. *Microeconomia*. 6. ed. São Paulo: Pearson Prentice Hall, 2005.

POSNER, Richard A. *The Economics of Justice*. Cambridge: Harvard University Press, 1983.

POSNER, Richard A. *Economic Analysis of Law*. 5th ed. New York: Aspen Publishers, 1998.

RAMSEY, Frank P. A Contribution to the Theory of Taxation. *The Economic Journal*, v. 37, n. 145, 1927.

RAWLS, John. *Uma Teoria da Justiça*. São Paulo: Martins Fontes, 2000.

ROTH, Alvin E. *Prize Lecture*. 2012. Disponível em: https://www.nobelprize.org/. Acesso em: 21 fev. 2024.

ROUSSEAU, Jean-Jacques. *Discurso sobre a origem e os fundamentos das desigualdades entre os homens*. 1755.

SÃO PAULO. *Lei nº 12.685 de 28 de agosto de 2007*. Dispõe sobre a criação do Programa de Estímulo à Cidadania Fiscal do Estado de São Paulo e dá outras providências. 2007. Disponível em: https://www.al.sp.gov.br/repositorio/legislacao/lei/2007/original-lei-12685-28.08.2007.html. Acesso em: 21 fev. 2024.

SÃO PAULO. *Lei nº 17.293, de 15 de outubro de 2020*. Estabelece medidas voltadas ao ajuste fiscal e ao equilíbrio das contas públicas e dá providências correlatas. 2020. Disponível em: https://www.al.sp.gov.br/repositorio/legislacao/lei/2020/lei-17293-15.10.2020.html. Acesso em: 21 fev. 2024.

SCHELING, Thomas. *The Strategy of Conflict*. Harvard: University Press, 1960.

SCHELLING, Thomas C. *Prize Lecture*. 2005. Disponível em: https://www.nobelprize.org/. Acesso em: 21 fev. 2024.

SELTEN, Reinhard. *Prize Lecture*. 1994. Disponível em: https://www.nobelprize.org/. Acesso em: 21 fev. 2024.

SHAPLEY, Lloyd S. *Prize Lecture*. 2012. Disponível em: https://www.nobelprize.org/. Acesso em: 21 fev. 2024.

SIMON, Herbert. A. Behavioral Model of Rational Choice. *In*: SIMON, Herbert. A. *Models of Man, Social and Rational*: Mathematical Essays on Rational Human Behavior in a Social Setting. New York: Wiley, 1957.

SKYRMS, Brian. *He Stag Hunt and the Evolution of Social Structure*. Cambridge: University Press, 2004.

SMITH, Adam. *A Riqueza das Nações*: investigação sobre sua Natureza e suas causas. São Paulo: Abril Cultural,1989.

SPENCE, A. Michael. *Prize Lecture*. 2001. Disponível em: https://www.nobelprize.org/. Acesso em: 21 fev. 2024.

STIGLITZ, Joseph E. *Prize Lecture*. 2001. Disponível em: https://www.nobelprize.org/. Acesso em: 21 fev. 2024.

STRAUB, Ludwig; WERNING, Iván. Positive Long-Run Capital Taxation: Chamley-Judd Revisited. *American Economic Review*, v. 110, n.1, 2020.

TIROLE, Jean. *Prize Lecture*. 2014. Disponível em: https://www.nobelprize.org/. Acesso em: 21 fev. 2024.

VARIAN, H. R. *Microeconomic Analysis*. 3 th. New York: W.W. Norton, 1992.

VARIAN, H. R. *Microeconomia*: princípios básicos. 4. ed. Rio de Janeiro: Campus, 2003.

VICKREY, William. *Prize Lecture*. 1996. Disponível em: https://www.nobelprize.org/. Acesso em: 21 fev. 2024.

WILSON, Robert B. *Prize Lecture*. 2020. Disponível em: https://www.nobelprize.org/. Acesso em: 21 fev. 2024.

ZALUSKI, Wojciech. Game theory in jurisprudence. *Copernicus Center Press*, 2013.

Esta obra foi composta em fonte Palatino Linotype, corpo 10
e impressa em papel Offset 75g (miolo) e Supremo 250g (capa)
pela Gráfica Formato.